立人天地

# 管理学校的智慧：
## 找到成功的突破口

Leadership Matters

［英］安迪·巴克 著
徐菁 译　高连兴 校

黑龙江出版集团
黑龙江教育出版社

版权登记号：08-2017-074

图书在版编目（CIP）数据

管理学校的智慧：找到成功的突破口/（英）安迪·巴克著；徐菁译. — 哈尔滨：黑龙江教育出版社，2017.8（2021.6重印）
ISBN 978-7-5316-9546-2

Ⅰ.①管… Ⅱ.①安… ②徐… Ⅲ.①学校管理－研究
Ⅳ.①G47

中国版本图书馆CIP数据核字（2017）第208209号

Leadership Matters: How Leaders at All Levels Create Great Schools
Copyright © 2016 Andy Buck
First published 2016 by John Catt Educational Ltd,
This translation published by arrangement with Columbine Communications & Publications, Walnut Creek, California USA, through Rightol Media.
Chinese simplified translation © 2017 by Heilongjiang Educational Press Co., Ltd.
ALL RIGHTS RESERVED

## 管理学校的智慧：找到成功的突破口
GUANLI XUEXIAO DE ZHIHUI：ZHAODAO CHENGGONG DE TUPOKOU

| | |
|---|---|
| 作　　者 | [英]安迪·巴克 著 |
| 译　　者 | 徐菁 译　高连兴 校 |
| 选题策划 | 王春晨 |
| 责任编辑 | 王海燕 |
| 装帧设计 | Amber Design 琥珀视觉 |
| 责任校对 | 张爱华 |

| | |
|---|---|
| 出版发行 | 黑龙江教育出版社（哈尔滨市南岗区花园街158号） |
| 印　　刷 | 北京时尚印佳彩色印刷有限公司 |
| 新浪微博 | http://weibo.com/longjiaoshe |
| 公众微信 | heilongjiangjiaoyu |
| 天猫店 | https://hljjycbsts.tmall.com |
| E－mail | heilongjiangjiaoyu@126.com |
| 电　　话 | 010—64187564 |

| | |
|---|---|
| 开　　本 | 700×1000　1/16 |
| 印　　张 | 11 |
| 字　　数 | 131千 |
| 版　　次 | 2021年6月第1版第2次印刷 |
| 书　　号 | ISBN 978-7-5316-9546-2 |
| 定　　价 | 38.00元 |

# 目录 / contents

序 ································································································· 1
前　言 ···························································································· 1

## 第一章　领袖倾向 ········································································ 1
　　想一想 ···················································································· 3

## 第二章　自我意识 ········································································ 4
　　认识自己 ················································································· 5
　　一致的评价 ·············································································· 6
　　情　商 ···················································································· 7
　　了解情绪反应 ··········································································· 8
　　自我意识的示范 ······································································ 9
　　想一想 ···················································································· 9

## 第三章　勇气 ·············································································· 10
　　中层管理的挑战 ······································································ 10
　　高层管理 ················································································· 11
　　管理自己的情绪 ······································································ 11
　　从消极到积极 ··········································································· 12
　　保持乐观 ················································································· 13
　　在批评中进步 ··········································································· 14
　　继续前进 ················································································· 14

承担风险 ································································ 15
　　　想一想 ·································································· 17

**第四章　谦逊** ······························································ 18
　　　谦逊的力量 ···························································· 18
　　　尊重不确定性 ························································ 19
　　　建立信任 ······························································ 20
　　　关注学校而不是领导本身 ········································ 20
　　　想一想 ·································································· 21

**第五章　周围的人** ························································ 22
　　　逐渐了解他人 ························································ 23
　　　你在寻找什么 ························································ 23
　　　发挥优势 ······························································ 24
　　　管理不同的人 ························································ 24
　　　想一想 ·································································· 26

**第六章　环境** ······························································ 28
　　　洞悉发生的一切 ···················································· 29
　　　综合数据 ······························································ 30
　　　想一想 ·································································· 31

**第七章　策略、愿景和价值** ·········································· 32
　　　明晰的目标 ··························································· 33
　　　制定战略 ······························································ 34
　　　监督传递 ······························································ 35
　　　目标—战略—战术 ················································· 35
　　　清晰的教学法 ························································ 38

营造积极的学习氛围 ················ 40

清晰的体系 ······················· 42

专注的重要性 ····················· 43

获得证据 ························· 44

想一想 ··························· 45

## 第八章　建立合作 ················ 46

提高清晰度 ······················· 46

员工共建理想及制定战略 ············ 47

激励员工 ························· 48

诚　实 ··························· 49

讲话方式 ························· 50

影响他人 ························· 50

影响程度 ························· 51

选择影响方式 ····················· 52

管理上司 ························· 53

想一想 ··························· 55

## 第九章　建立和维持关系 ············ 57

表示尊重 ························· 57

展现忠诚 ························· 59

信守承诺 ························· 59

多反思，勤动脑 ··················· 60

与主管的关系 ····················· 61

领导的跨校合作 ··················· 61

调解冲突 ························· 63

如何应对冲突 ····················· 63

选择正确的策略 ··················· 64

不要忘记娱乐 ······ 66
以小见大 ······ 67
想一想 ······ 68

## 第十章 创建团队 ······ 69
利用会谈机会 ······ 71
会议协议 ······ 73
会谈方式 ······ 74
合作方式 ······ 75
团队合作 ······ 76
学校的团队模式 ······ 76
委 派 ······ 79
想一想 ······ 84

## 第十一章 推动传达 ······ 85
招 聘 ······ 86
留下优秀员工 ······ 87
员工培养 ······ 88
工作场合中的学习 ······ 90
增量训练 ······ 92
发展领导才能 ······ 94
横向领导 ······ 95
问 责 ······ 97
促其前进 ······ 100
提供支持 ······ 101
累积动能 ······ 102
动 力 ······ 102
想一想 ······ 103

## 第十二章　规划和组织·····104

- 八步变革·····105
- 掌控变革对他人的影响·····108
- 最后的思考·····109
- 用数据进行规划·····110
- 灵活地使用资源·····112
- 资源规划周期·····112
- 收入和资本成本·····113
- 影响优先·····115
- 时间管理的方法·····115
- 紧急和重要·····116
- 有效利用时间的实用方法·····118
- 设定目标·····119
- 直接说不·····119
- 优先排序·····120
- 处理重要但不紧急的事·····120
- 避免拖延·····120
- 设定时间限制·····121
- 多委任分工·····121
- 想一想·····122

## 第十三章　你的领导风格·····123

- 领导风格·····123
- 想一想·····128

## 第十四章　创造透明度·····129

- 利用数据信息·····130

坚定信心 ·················································· 130
　　应对坏消息 ··············································· 131
　　想一想 ···················································· 132

**第十五章　建立信任** ·································· 133
　　建立信任 ·················································· 134
　　信任是一个重要标志 ································· 134
　　信任学生 ·················································· 136
　　建立信任的速度 ········································ 136
　　想一想 ···················································· 137

**第十六章　询问** ········································ 138
　　示范型 ···················································· 138
　　指导型 ···················································· 140
　　指导和民主型 ··········································· 140
　　和戈尔曼研究之间的联系 ··························· 141
　　倾听的重要性 ··········································· 142
　　如何证明你在倾听 ···································· 142
　　倾听的4个层面 ········································· 143
　　想一想 ···················································· 144

**参考文献** ················································· 145

# 序

没有一项工作像管理学校那样，能对几代人产生影响。这项工作是对性格、信心、战略和传达方式的考验。教育部门从未停下脚步，想提高学生学习水平的决心也从未动摇过。目前，我们每天能在社交网站上看到关于教育和领导力的辩论，这反映了当前领导对其角色及影响力的看法。

安迪·巴克是个值得信赖的领导，他清楚应从班级开始逐渐向外进行管理，他所有的建议和指导都源于现实。我一直和安迪共事，也知道他给学校带来的价值和灵感。

目前，管理界发生了深刻变化，在此背景下，安迪出版了这本书。如今，我们要比以往任何时候更清楚合作的力量，无论是一所学校还是几所学校，领导之间相互协作，可以为国内所有学生创建一个卓越的教育体系。换句话说，学校管理至关重要。

本书适用于各级领导，如中层领导、高层领导。加强管理的原则是类似的。想要成为一个优秀的领导，你要了解自己和周围的人，尤其是要清楚社会、学校和你所带团队的情况，这样才能保证采取正确的措施。对于成功来说，没有最好的方法或通用的战略，判断才是最重要的。最好的决策源于清晰的价值观和深刻的分析，旨在为学生创造最好的结果。

至关重要的学校管理中完善的理论，源于真实的例子和可靠的证据。书中各种真实事例和趣闻逸事，从部门主任到国家教育和领导学院的董事，应有尽有。本书还将揭开管理的复杂面纱，内容浅显易懂，幽默风趣。

本书将给各级领导以灵感和鼓励。最重要的是，它再次强调了管理学校所带来的纯粹的快乐和荣誉，培养优秀领导对于现在和将来的重要性。

罗素·哈比（Russell Hobby）

全国校长协会秘书长

# 前　言

> 不要怀疑一小群充满思想和责任感的民众可以改变世界。事实上，这是以前曾经发生的事情。
>
> ——玛格丽特·米德（Margaret Mead）

1987年，我在伦敦北部的一个综合性学校教地理，当时我对这门课充满热情，我还在伦敦教育学院有过一年的培训经验。那时，弗朗西斯·斯莱特（Frances Slater）和大卫·兰伯特（David Lambert）是指导我的两位教师。他们给了我很多灵感，我也学到了很多东西。我爱学校里的学生，也爱我的工作。我清楚自己需要依赖身边的人，曾经有段时间，我不得不从学校里身经百战的同事那儿学点东西，才能应对棘手的孩子。总的来说，如果孩子准备接受连贯且富有挑战的教育，期望将来有所成就，那么适当的规划和教学安排是必不可少的。如果我想继续当教师，就需要和别人共事，高效专注地工作，这样才能反思自己的行为并有所进步。换句话说，我知道自己要在组织精密的团队里和队友并肩作战。在这个团队里，管理决定一切。

当然，近来的观点普遍认为，仅次于教学质量的就是管理，它使孩子的未来发生巨大变化。所以本书的重点不是说管理学校的重要性，而是校内校外、不同级别的管理究竟是什么样的，旨在介绍不同情境下的管理。作为一名学校领导，在阅读本书时，你可能刚开始自己的领导之路，准备向中层领导迈出第一步；你也可能是高层领导或校长；甚至可能是系统领导，在多个学校任职，组织学校间的合作。

以我的经验来看，作为一名领导，你的工作重心肯定会随着你的角色发生变化。无论你的经验或影响力如何，卓越的管理包含的许多关键因素会在各个层面展现出来。唯一有所不同的就是你所处的情境。卓越的管理也是如此，不论你的职位多高，最重要的是运用你所了解的情况，把重点放在领导行动和领导方法上，以此适应所处环境。比如说，学校里新来了一位英语系主任或一位受过良好教育的领导，他们要快速地评估授课教师传授相应重要课程的能力，才能决定小组下一步该怎么做；他们还要知道作为领导，应该怎么做才能成功。如果小组能力低、专业知识不过硬，正确的方法就会有指导意义。另外，如果这个小组的成员经验丰富、精明强干，上面的方法可能还会适得其反。这和领导接管新学校一样，他们要制定未来3~5年的战略重点和最好的实施方法，这两者唯一的区别就是规模大小。

所以本书采用以证据为基础的方法，探究卓越的学校管理究竟是什么样的，让你将其融汇在工作环境之中。我自身的经验说明，最近几年这种方法让我具备了观察数百所学校的洞察力。只要学校重视领导的共同价值观、目标和工作方法，共商共议、不断修正，那么学生们就前途无量。

在思考优秀的学校是怎样形成时，我从自己负责的伦敦挑战项目从优秀到卓越中学到了很多。本书整合了我在学校管理方面的知识和经验，列举了过去30年中我所任职过的学校以及乐意合作的学校的一些例子，并把此学习过程分解成块，使之易于消化吸收。在每个部分中，我会列举现阶段你所面临的机遇和挑战，提供有益的理论和背景，让你发现最好的自己以及周围的人和事。

为了便于你将其用于所处的环境中，我会频繁地使用团队、同事或员工等词语，根据你所处的情境，指代不同的东西。所以请酌情使用这些词。

中层领导：通常我用这个词语指代你负责的团队成员或传递信息的员工，前提是你担负着管理整个学校的责任。

高层领导：当我提到团队、同事或员工，通常指的是你的直接领导，或者你所信任的担负全校管理责任的人。

领导：通常是指高层团队成员，有时它也指中层领导和更宽泛意义上的员工团队。

系统领导：指在不同的学校任职的人。在此情境下，你的同事可能是其他学校的领导，有时是其他学校高层团队的成员。系统领导有时也指学校的员工。

董事会/理事会：此词语可能与学校的管理机构、多学科信托委员会、联合会或多学院和联合学校的部分管理有关，取决于你的工作环境。无论是哪种情况，这些参考表明了管理、监督的重要性和重要贡献。

同理，当我提到学校的时候，我指的是所有的学校：专科学校、免费学校、特殊学校和专门接受9~19岁孩子的学校。

值得一提的是，我把管理分成4个不同的级别，是为了让本书的4个部分显得更加清楚。依我看来，学校越是关注管理团队中的领导能力，就发展得越好。听起来好像有点自相矛盾，但是我的重点是：任何学校的领导都应该把自己视作管理的一部分，拥有共同的价值观和工作方法。否则，你会经常被人误解，并且承受徒劳无益的压力。同时你也会错失良机，虽然你和你的同事有着相同的目标和抱负，你比他们有更多的经验，但是高层领导会去指导你的同事而不是你。这就是在处理学校领导发展方面的事宜时，我不跟团队的中层领导共事的原因，除非学校里所有的高层领导都加入了。经验告诉我们，如果高层领导没有和我们共事，那么整个过程的影响力就大打折扣。

## 领导要怎么做

本书第一部分为你思考自己的性格提供了机会。你的行为背后的道德目的和动机是什么？作为领导，你扮演的角色是什么？你是如何应对特殊情况的？你有多了解自己？你怎样掌控自己的情绪？如果事情很棘手，你是什么反应？思考这些问题有利于提高每天的工作效率。学校领导不可能不做错事。假如哪天不顺利，或者你的课教得有点糟，或者你和某个难缠的员工一起参加了一场富有挑战性的会议，那时要想处理好自己的情绪，保持积极向上的状态，是非常困难的。但是此时，你还是得保持乐观，即使没其他理由，为了员工你也得这样做。

对于所有的领导来说，了解自己的性格非常重要，尤其是当上领导后需要你呕心沥血地工作。

## 你的处境

本书的第五章、第六章讲述的是你所处环境的重要性。可能我就是从这个部分开始考虑命名长颈鹿理念的。你可能像我一样，很早以前就知道长颈鹿的脖子为什么那么长了。因为只有这样，它们才能够到其他动物够不到的树叶。长脖子是它们成功的关键，这一点对所有的长颈鹿都适用。但是，我们迅速地扫一眼世界各地的长颈鹿就知道，虽然它们都有长脖子，但是特征却不一样，见图1。有的脖子颜色深，有的脖子颜色浅；有的脖子上有大片的花纹，有的只有小块花纹。这些特征因长颈鹿生存的环境和年龄而有所不同，它们根据周围的环境而不断进化。对于我而言，这种法则同样适用于学校领导。作为一名领导，你需要清楚地知道管理的"长脖子"是什么：你要知道并清楚关于管理的有关事宜，以确保成功。同时还要了解自己所处的环境，自己的倾向，要做什么以及怎样做，以便将其运用于实际情况中。

**图1　长颈鹿理念**

当然，长颈鹿理念不仅适用于管理，还与教学策略密切相关。例如，迪伦·威廉（Dylan Wiliam）曾说过："究竟是什么在教育中起作用？这并不算个问题。因为无论什么事都能在某个领域起作用，但也没有任何事能适用于所有领域。所以教育中有趣且重要的点在于在什么情况下，它才会起作用。"学校领导、员工要用最好的证据来证明他们现在采用的方法与所处环境相符。

## 工作是什么

无论是办几所学校还是刚开始当中层领导，你要做的工作大体都一样。大卫·彭德尔顿（David Pendleton）在他的三原色模型中，对所有领导要做的六大关键事项进行了准确的概述。我觉得它非常适用于学校。另外，它也与史蒂夫·拉德克利夫（Steve Radcliffe）的简单而出色的直觉领导框架相吻合，即未来—参与—传达，见图2。

本混合模型适用于各级领导。本书第三章对其进行了详细的介绍。第一个重要领域是对整个学校或团队未来的设想，它和共同愿景、处理变革以及充分利用人力、财力密切相关，讲的是总体策略在什么程度上依赖什么样的调查和证据才最有效。对于系统领导来说，这是学校实现成功合作的策略。对于中层领导来说，这是把更大的组织目标转化为团队中具体的、雄心壮志的东西。

一旦你对所用的策略了然于心，接下来就是建立并维持良好的关系。只有有效的参与，各级领导才能促使变革发生。对于学校领导来说，团队成员之间精诚合作，相互支持，共同为实现设定的目标而奋斗，才是好学校的核心。

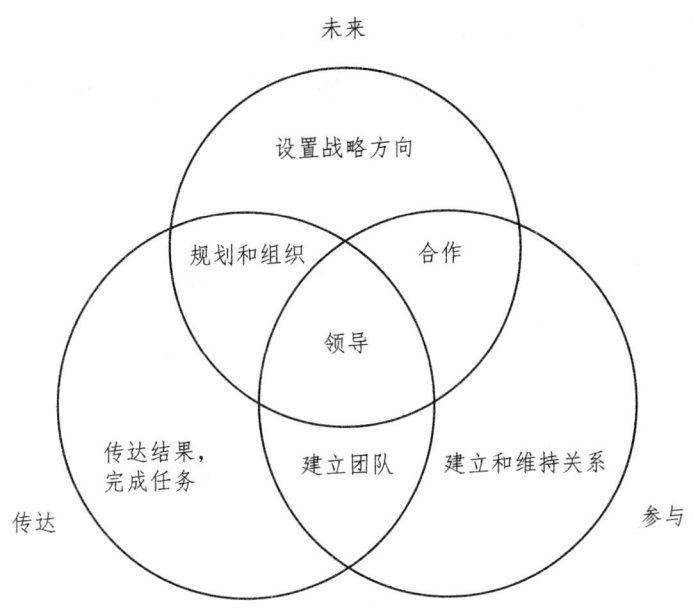

**图2　领导行动之六大关键事项**

连接未来和参与的是传达，即本模型中第三大关键要素。管理不仅是制定策略、激励他人；而且要确保事情能如愿发生，达到预期的效果。优秀的学校源于精准的传达，日复一日，年复一年。我们知道，对于世界各地的学校而言，其面临的挑战之一就是为孩子连贯地传达信息，无论在哪里授课、哪个教师教课或者他们年纪多大。学生的进步程度仍比他们之间的差异要大。

在上面3个重要的领域中，还有一些重要的因素相互作用。因此，除非规划组织，不然，再好的策略也不管用。想想什么样的计划才能让领导更清楚地理解，这对于我们来说很重要。如果本应该对学生和员工负责的领导松松散散，学校就无法充分发挥其潜能。这样一来，显然会造成大家的困惑，并降低效率和个人的积极性。

假设你领导的小组非常和谐，动力十足，但是小组内的一些成员对你的方向不是很清楚，那么除非你非常努力，否则你也无法实现自己的雄心壮志。因此，团队合作非常重要。无论你领导何种级别的团队，只要目标清晰，坚信未来，员工的工作效率都会很高。

最后，各级学校领导带领团队时，并不是要事事亲力亲为。承担多项工作也许很诱人，部分原因是你可以比别人做得更快更好，但是卓越的领袖打造伟大的团队，他们会把工作和决定权下放给他人。只要工作圆满完成，给予同事权力可以显著地提高传达的质量。

## 领导和管理

人们经常把领导和管理区分开。这两者对于团队、学校或几所学校的成功至关重要。彼得·德鲁克（Peter Drucker）这样说过："管理就是把事做好；领导就是要做正确的事。"但是曾经有段时间，这两者在学校里的区别有点刻意。比如说，什么是好的指导性对话？依我来看，两个都是。通过加入对话进行管理，通常可以提高传达、参与的水平，最终对孩子产生影响，这是你的管理方式。

这也就是大卫·彭德尔顿的三原色模型和史蒂夫·拉德克利夫的未来—参与—传达有用的原因。它们都避免区分管理和领导这两个词，同时又包含彼此重要的因素。如果领导要做正确的事，他们采取的战略中就包含重要的因素。但是领导和管理都关注传达效果，促使变革更好地发生，这就需要大家的共同参与来完成工作。本书采用了相同的方式，它旨在为各级领导提供一般模型和指导，而不是仅专门对管理方法进行描述。

## 你的领导方式

最终,你采取的领导方式才是最重要的。制定策略、建立关系和保障有效的传达将为员工的成功奠定基础。但远远不止这么简单,作为不同级别的领导,要想取得成功,你不仅要考虑做什么,还要考虑如何去领导,自己的领导风格,如何支持和激励别人去发展。本书第四章讨论了各级领导需要做的事情:(1)建立信任;(2)保持决策透明以及利用信息;(3)培养主动倾听的技能以及培养一个重要的领导习惯:先提问。这些都可以大大提高你在工作中的影响力。

## 文化和环境的重要性

作为学校领导,你的行为会对最终的结果产生不同的影响。领导和结果之间的关系并不是直接相关的。如图3所示,作为领导,你的行为在你的影响力范围内将对文化和环境产生重要的影响。

在这种条件下,文化一词意味着我们在此做事的方法。文化与系统、过程和共同的实践,尤其是和高标准、高期望有关,这些标准和期望存在于传达过程中。一个思考文化行之有效的方法就是,思考新成员加入你的团队后每天看到的是什么,团队里每个成员究竟在多大程度上做着同样的事,达到同样的期望。你对团队成员应该怎样工作是不是一直有很高的期待呢?最终的结果就是,你所监督的学习环境是否鼓舞人心,是否组织良好?学生和同龄伙伴之间的纽带是否牢固,他们是否相互支持?

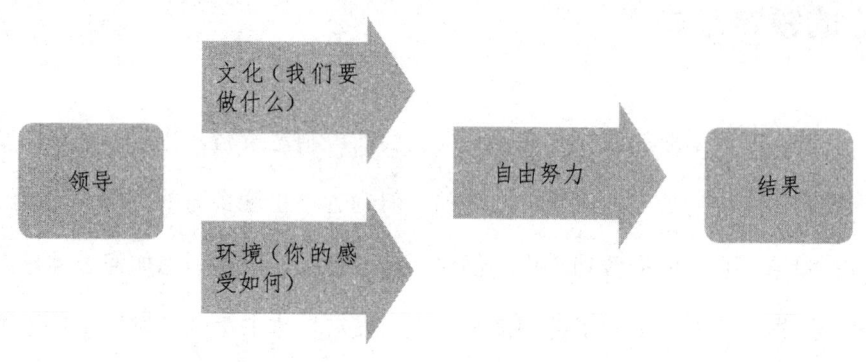

图3　领导和结果

环境更多是指你在团队里工作的感受，对团队而言则意味着士气，它关系到团队成员的感恩之情，整体团队的信任程度。描述或评估这个过程非常困难，但是具体的研究已经表明，环境对于团队生产力的影响是巨大的。

## 自由努力

把这些放在一起，你创造的文化和环境越积极，整体团队走得就越远，这就是所谓的自由努力。通常这个词是描述个人的付出超过他们为保住工作所做的贡献，这种情况非常关键。然而，成员的贡献才是直接有效的。也许你的经验告诉你，善良勤勉的同事没能获得和努力相符的影响力是很遗憾的，但只是因为他们总是将重点放在错误的事情上。在课堂上，如果学生所学的东西和他们要上的课程或要完成的评估无关，学生肯定会特别喜欢这节课。

图4总结了在学校建立自由努力的几个关键要素，许多都在这本书中反复出现，它们包含各大因素，有利于打造优秀的学校。

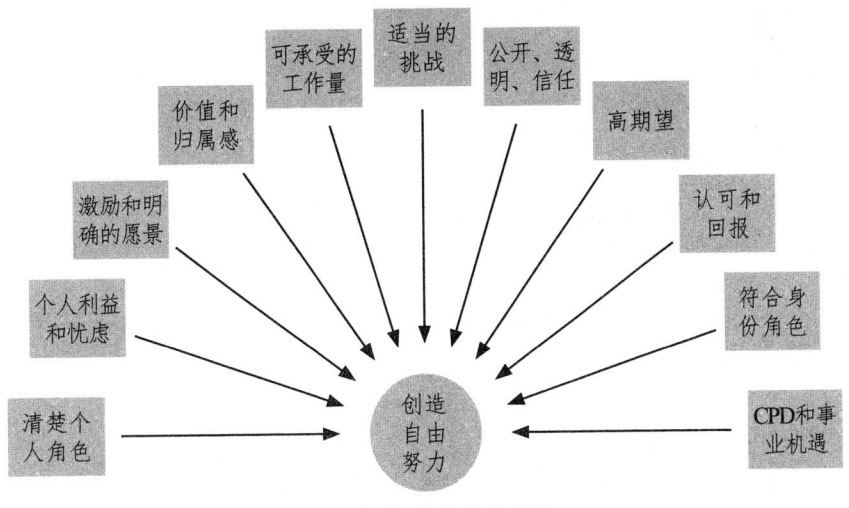

**图4　如何建立自由努力**

学校里对自由努力最大的影响来源于高层领导团队，你这么想也可以。毕竟，高层领导确实为整体学校定下了整体风气。有趣的是有些研究还表明，组织里的高层领导确实对员工的努力有影响，决定团队成员自由努力唯一最有影响的因素，就是他们和直接领导的关系以及对直接领导的尊重程度。你只需要看上面列的影响因素，就可以知道直接领导是实现大多数因素的最佳人选。

特别是在规模更大的学校里，大多数重要的员工都受到中层领导的直接管理。因此大多数领导和官员承认他们对于学校成功的重要作用。中层领导通常是学校的"发动机室"。

和打造自由努力一样，富有成效的文化和环境对挽留员工也有积极的影响。理查德·布兰森（Richard Branson）说："有的员工在培训结束后会离开，但如果对他们足够好，他们就会留下。"考虑到招聘教师时各个方面都存在挑战，留住老员工，减少要求，吸引新员工，具有重要的意义。

## 总　结

图5总结了本章的管理框架,也是本书的基本架构。

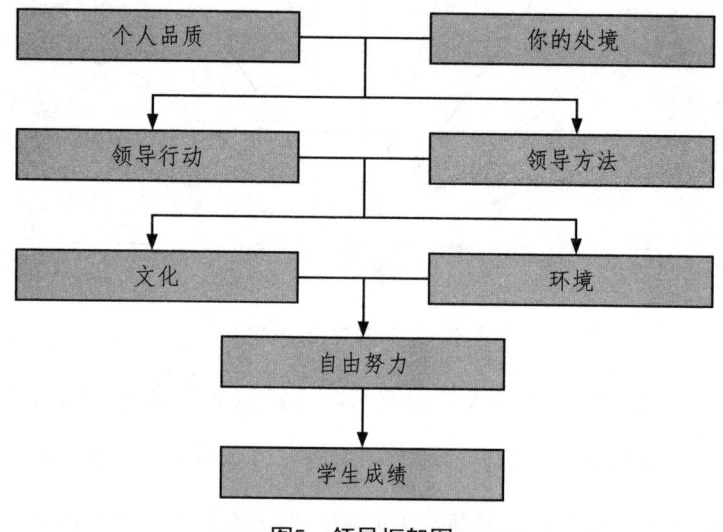

**图5　领导框架图**

管理从你开始。你对自己的了解:在某些特定的情形下倾向采取的行动,喜欢的东西,擅长的领域,要想提高效率可能还要注意的东西。但是你也需要花费一些时间来认清自己的处境:你所在的环境和与你共事的人。

把这些合在一起,加上对自己和形势的了解,你决定哪些事情亟待解决,实施的最好方法。如果这些事都做好了,就能营造一个高效的环境,你领导的团队就能表现出重要的自由努力,最终实现你对学生未来的期待。

## 使用本书

如何使用这本书主要还是取决于你。有需求的话就认真研究几个章节,当然你也可以亲身实践每个章节。本书结构清晰,满足你的要求;不同章节的划分使内容易懂。如果说学校领导之间有一个共同点,那就是时间从来都不够用。因此在编撰此书时,我尽量合理地安排结构。

# 第一章 领袖倾向

倾向不是天生的。

——威廉·蓝德（William Landay）

从我记事以来，我就知道领导的自我了解是很重要的。不得不承认，直到第二次领导工作的结束，我才开始认真对待这个问题。如果我诚实的话，这完全不像处于领导级别的人会说的话。这些话徒有理论意义，毫无实际作用。

作为学校的领导，对我而言最重要的是想出正确的事，分配给下属，让他们高标准地完成。所以我理解评估情形的重要性，我欣赏发展策略的重要性。我知道它可以让别人了解我们做的事，并为之激动。我知道密切监督过程对于知道自己所作所为的重要性。

但是我不允许的是自己的一些倾向。我们每个人应对情形的反应都不一样，情绪化和理性并存。我们把各种各样的先入为主的概念和倾向带到各种情形中去。我们或多或少能准确地读懂别人的情绪，甚至可以掌控自己的情绪。这些都能让我们或多或少地做出好的决定或者和别人建立有效的关系。

我想到许多情形，不管是什么原因，它们没有按照我希望的方向去发展。回顾我的第一份管理工作，我的错误反应通常是责怪别人，而不是找到事情发生的真正原因。然后我就单枪匹马地努力，想要找到解决方法，接着把它强加于别人身上。同时我草率地评价他人的能力。有时候，人们觉得离开学校才是最好的。当然，大多数情况下，他们是正确的。借用吉姆·柯林斯（Jim Collins）在《从优秀到卓越》（*In Good to Great*）一书中的类比，好学校能把正确的人招进来，把错误的人踢出去。各级领导都应该清楚自己所期望的标准，并且让别人实践。但是我觉得有些情况下，我的反应太快了。我倾向于迅速地做出决定，而非仔仔细细地想清楚后再做决定。我现在工作的时候还是这样，这也是我正试图改变的习惯。

虽然我不是心理学家，但是我会在第二章分享个人对这些模型的一些实践和思考。为什么对于领导来说，了解自己的倾向有利于做出更好的决定，使人际关系更加有效，传达也更加顺利？

和别人一起分享你的倾向也有用。如果同事知道你擅长做的事和喜欢做的事，团队可以从中受益。如果某件事激励了你，让他们知道；如果某个特殊的行为让你灰心丧气或者让你生气，也要让他们知道。如果你正和某种特别的倾向打交道，希望工作效率变得更高一点，了解你的同事会很有帮助。他们不仅能在你做得好的时候给你反馈，而且还可以在你做得不好的时候提醒你。

本书接下来的两章内容是重要的个人品质，这些品质为各级领导提供支持。第三章论证了积极主动性的重要性；第四章告诉我们伟大的领导是谦逊的，他们非常擅长自己的工作，他们也为学生做了很多伟大的事，但他们从来没忘记过团队的努力。

## 想一想

- 你知道自己有哪些领导倾向吗?
- 你发挥过自己的优势吗?
- 你要牢记哪些问题?如果它们影响到你的效率,你应该怎么办?
- 别人怎样才能帮助你实现目标?

# 第二章　自我意识

我认为自我意识可能是成为一个冠军最重要的事情。

——比利·简·金（Billie Jean King）

"认识自己"4个字刻在德尔斐阿波罗神庙入口处的上方，献给那些为西方文化奠定基石的哲学家、政治家和立法者。认识自己是每个领导都面临的挑战之一：知道自己的长处，自己的发展方向，知道引发内心强烈情感的事情以及如何控制它们。

如果你是中层领导，第一次进入领导班子，你自我发现的速度会比职业生涯中任何时间段都快。你一直在学习，承担新的责任，上下打点，而且行程安排得特别紧，容不得倒退和反省。

当教师的经历和能力让你坐上中层领导的位子，你还得在你的新角色中保存这些能力。你面临许多新的挑战，会有新的发展方向。在这些方面，高层领导可以为你增加砝码。他们帮助中层领导发现新的发展方向，通过指导来支持他们，帮他们增强在这些领域的技能以及帮助他们思考如何取得进步。

但是大多数的高层领导，他们的自我意识之路并未就此结束。之前我也说过，我也用了不少时间才了解到一个强大的自我意识所带来的潜力和能量。

# 认识自己

有很多方法可以让你更好地了解自己，其中一种是诚实开朗，这样别人就会跟你实话实说。但是要做到这样并不容易，尤其是从你的团队得到反馈。另一个迂回折中的方法就是360度全方位反馈，这涉及很多变量，但是基本上都是为了反映你的能力和发展方向，观察它们是否和你周围5个同事的看法一致。反馈人群通常很广泛，上级领导、同龄人、小组成员。也就是说，他们会从各个角度给你反馈。

但是和前些年相比，现在的360度全方位反馈有点平淡无奇，它只是例行办事，为中高层领导提供他们所要的反馈。大家都心照不宣，我们也看了太多这样的事。部分原因是在学校进行360度全方位反馈调查的代价有点高，而且耗时长。然而，学校也可以考虑一下网上选项，有些方法的价值还挺高。在编写本书时，我们也根据领导模型创造出自己的360度全方位反馈调查。

你可以利用任意有效的性格测评工具来增强自我意识。其中包括迈尔斯-布里格斯性格测试，它指出4个相反的行为偏好。编撰本书时，我们发展了基于荣格方法的网上性格测试工具。无论使用哪种性格测试工具，都不要根据测试结果评判自己或他人为什么没法做成一些事，这点才是最重要的。例如，有的人喜欢事情到了最后一秒才做，或者喜欢把东西敞口放置，或者喜欢变通。不能仅靠这一点，就认为他们做事无组织、无计划。就好比用你的另一只手写字一样，比起惯用手，另一只手写字更困难些，需要特意大量地练习。

这些方法让你思考自己的优势和发展领域，或者对比自己和他人对自己的印象。这可以确定你已经知道的东西，而且更好的一点是，它可以告诉你一些你不知道的东西。约哈里之窗模型（哈里·英格拉姆和乔瑟夫·勒夫于1955年提出）把这些方面分为4类，见图2.1：

- 公开，即你和别人都知道的；
- 隐藏，即你知道但别人不知道的；
- 盲区，即你不知道但别人知道的；
- 未知，你和别人都不知道的。

未知领域是最难发现的，即使360度全方位反馈也无法发现。发现未知最好的办法就是把你放在新环境下或特殊的挑战情境下，这时你隐蔽的情感通常能显现出来。

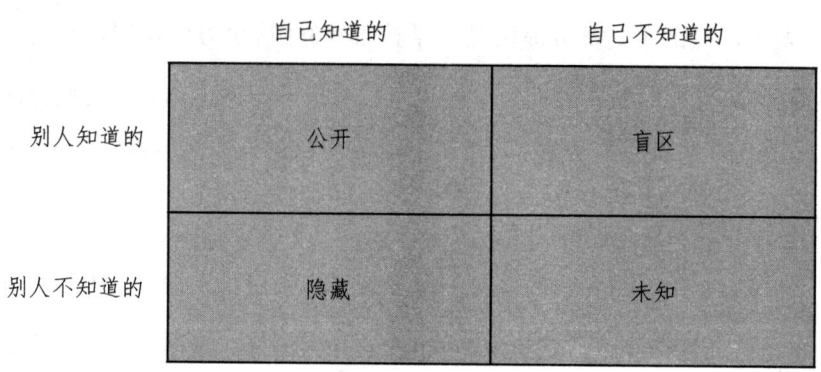

图2.1 约哈里之窗

# 一致的评价

无论你是哪个级别的管理层，定期回顾自己的绩效对你的发展是有帮助的。

有4种方法可以采用：

- 思考时间——你有全面、定期地思考自己的管理效率吗？
- 寻求反馈——你有向同事、家人、孩子、同龄人寻求过反馈吗？
- 训练正念——你用什么方式放松，并且建立心理空间来思考？
- 重要朋友——除了直接领导外，你会跟谁倾诉。也许你从私人教师那儿得到启发，尤其当你处在令人兴奋同时又有点困难的领导转型期时。

# 情　商

最近15年见证了情绪智力（情商）这一概念的兴起。暂且不论情商究竟是不是一种智力或者一种个人能力，丹尼尔·戈尔曼发表在《哈佛商业评论》上的一篇重要文章《有所回报的管理》（Leadership that gets results）中，把他的想法推向国际前沿。他认为领导的情绪智力比智商更重要，是他们的效率的指标。当然智商也很重要，但是戈尔曼表示能将人们一分高下的，最有可能的就是情商。我觉得这话说得很有道理。在学校里，我们要想给孩子传授好的东西，我们首先得通过别人，因为我们不可能事事亲力亲为，因此建立良好的关系至关重要。对于工作很忙的学校领导来说，戈尔曼模型的优势也在于它的简洁。他把情商仅定位在4个领域，如图2.2所示。

正如本模型总结的，戈尔曼认为情绪智力源于更好的自我意识，反过来又支持自己对他人的意识，并为管理自己的情绪提供了机会。更好的自我意识和他人意识使人们能够建立良好的人际关系，从而打下基础。回到这本书的开篇部分，说的就是为什么领导的自我意识如此重要，以至于很大程度上关系到与别人建立良好的人际关系。自我意识对每个领导而言都极其重要。

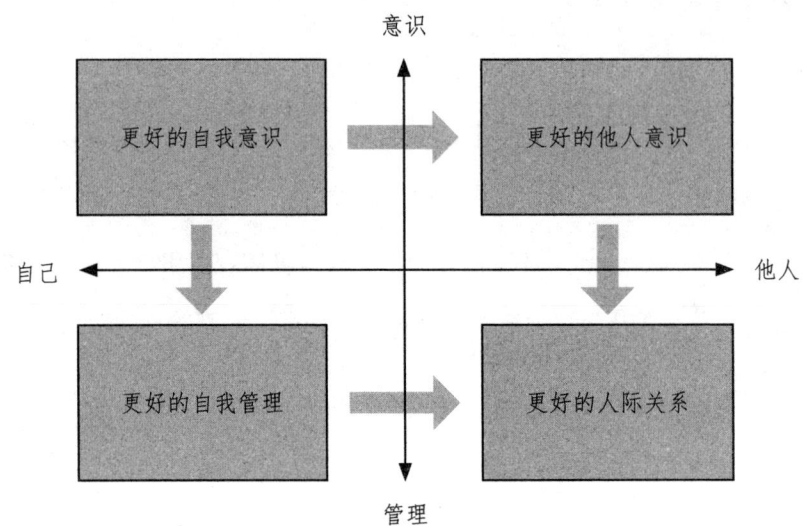

图2.2 情绪智力模型

## 了解情绪反应

也许同事、家人和孩子能够在与你的谈话中察觉到你行为的外在迹象,但是没有人能知道你内心究竟是怎么想的。孩子需要社会服务的支持,员工没有遵循部门或学校的规章制度,同他们进行谈话会引起一系列情绪反应。同样的道理,如果他人告诉你需要大幅减少开支或者要裁员,你会怎么办?

这些情感反应都是很自然的,并不是脆弱的表现。如果你能辨别这些反应,知道哪些情况会引起自己的压力或其他的情绪反应,你就能更好地掌控它们。能够辨别什么样的情况会产生什么样的情绪,意味着你能识别并且解释这些情绪,这会让你更加客观。还有一种思考环境的有效策略,就是想象自己离开了自己的身体,然后客观地审视自己所处的环境。它们会告诉你什么？

## 自我意识的示范

自我意识示范要从两方面进行。理想状态下，你想在团队里营造一个重视并实践自我意识的文化氛围。如果你让团队成员看到你的自我意识，或者认为你是一个学习型领导，那么效果就会大大提高。最突出的一种方法就是承认不知道某个问题的答案，或者你需要小组的支持来解决问题。这表示持续学习和思考没什么不好意思的，这反而是领导发展的重要部分。

帕特里克·兰西奥尼（Patric Lencioni）的《优势》（*The Advatage*）里描绘了团队采用共享反馈机制建立信任、营造善于思考的文化氛围。例如，你可以让团队成员对你如何处理不同的事情做出反馈。把自己放在接受反馈的位置上，就有力地示范了你重视思考和自我意识。

## 想一想

- 你是否使用约哈里之窗以更好地观察自己和他人？
- 你用过哪些步骤和过程定期回顾自我意识和正在改变中的管理风格和角色？
- 你是如何为其他领导建立这些方式的模型的？

# 第三章　勇气

当海面平静时任何人都能掌舵。

——普布里乌斯·西鲁斯（Publilius Syrus）

学校里的各级管理都有许多挑战。本章着眼于有勇气做正确的事并不断前进的重要性。

## 中层管理的挑战

如果你是中层领导，你的工作无疑是学校里压力很大的工作之一。高层领导掌握整个学校的发展策略和方向，中层领导处于学校领导团队的核心位置，上下打点，里外斡旋；实施上级决策，处理下级出现的新情况。中层领导所扮演的角色也在发生着改变，如今需要更多的自主性和责任感。这也就使得韧性和勇气比以往任何时候都重要。

政府决策发生变化常常意味着你需要处理来自学校外的规律性变化，这时你的作用非常关键。你会遇到更多模棱两可、前后不一的事，来自上级和外界的政策变化，所以做出长期决定就更加困难了。理论上你是有了更多的自主权，实际上不一定真的是这样。技术消除了物理障碍，你可以在任何时间到达任何地点，不需要时间和空间的思考。

## 高层管理

这一点似乎很明显。但是身为高层领导，你的工作、决定会产生更大的影响，你的压力和担忧也会产生同样大的影响。如果你做出了错误的决定，那么不仅对你个人产生很大的影响，同时对你的学校、员工，更重要的是，对学生也会产生很大的影响。尤其是对领导来说，公共责任带来的压力是很大的。而在中层管理中，外界压力是显著的。有时候中层领导感觉外界的期望值越来越高，找到好的教师越来越难，没有足够的资源来做真正需要做的事情。

除此之外，压力还来自处理难以预料的事情，这些事情永远只会在错误的时间出现。几年前有个领导和我聊天，说他如何处理员工因学校相关事件而自杀的事。这种情况下，最优秀的领导似乎吸取了他们灵魂深处不知名的灵感和力量，然后做出了优秀的判断。

优秀的领导会在突发状况中坚定信念和决心，为学校和年轻人做出正确的表率，这是他们一切动力和激情的核心。

那么各级优秀的领导应该做什么才能让事情有所不同呢？

## 管理自己的情绪

为了让团队坚强，首先你自己要坚强。这就意味着要管理自己的情绪，这在第二章里提过。情绪不是软弱的标志，实际上识别和分辨你是如何感觉的才是真正的优势。不同的情况会让不同的人感到紧张。你知道什么情况会让你紧张吗？你知道究竟是什么让你担忧或焦虑吗？重要的是识别自己的情绪而不是让它支配你。

如果你能识别自己的情绪，可能就知道怎样管理它们。也许当你感到紧张或担心的时候，需要和信得过的人聊聊天，从不同的视角看待问题；也许你需要点个人空间好好想想这个问题；也许你需要跑跑步或做些别的事让大脑清醒一下。

问自己的问题：

- 感觉如何？
- 为什么会有那种感觉？
- 是否通常会有事情触发情绪反应？
- 通过对外界的观察，自己该怎么做？

## 从消极到积极

面对高压和负面评价，有两种选择。一是任由批评形成负面旋涡；二是把负面评价当成一次机会，积极应对，寻求支持。如果你能吸取批评，认真聆听，证明给别人看你想要改变，想改善，想学习，那么就能变消极为积极。只有主动放弃，这场游戏才会结束。

站在反馈者或批评者的角度来看待问题。很多时候他们也许只是想抱怨一下沮丧的心情；或者是他们自己可能就面临压力；又或是他们真的很关心某件事，只是听起来消极，而他们真的希望事情变得更好点。不论是哪种情况，只要积极应对，就不会输。如果你能察觉到他们为什么这样做，就能利用他们的反馈来寻求支持。

你可能想问的几个问题：

- 他们表现如何？
- 他们说了什么？
- 他们说的话的背后含义是什么？
- 他们想听到什么？

## 保持乐观

如果你能管理自己的情绪，不让外界批评左右你的情绪，那么接下来就要关注你的团队了。乔恩·科尔斯是我之前在联合学习基金会工作时的老板，也是教育部前高级主管，他说领导应该时刻保持乐观，因为员工在困难时会在学校领导那儿寻求安慰。无论情况多么艰难，领导都要乐观向上，这样员工才会在困难或者不确定的情形下感到安心。

这里有几个实用的方法可以达到目标：

- 承认并庆祝取得的小成就，可以在团队中创造动力和积极性；
- 表扬团队成员，让他们保持积极性，你会发现这会让他们更加积极；
- 沟通交流，团队成员可以定期听到你的想法，你也可以掌握信息和消息的流通情况；
- 保持诚实的态度，必要时组员会给你传递棘手的信息，因为他们相信你；
- 学习榜样，在你感觉脆弱的时候，学习那些看似能管理自己情绪的人；

- 讨论你的想法，你的想法将激励团队，提醒他们的所作所为的背后原因。

## 在批评中进步

受到批评后第一件事不是尝试分析它，通常你受到批评和有压力时，保持客观是很难的，因为情绪变化，你的敏感、害怕的程度都会加强。如果你想做出反馈或者发现自己正责备他人，那么此时就不合适做出分析。现在不是说"要是我们这样做了就……"这种话的时候。

把反馈、问题和行动记在日记本上，以便危机过去，大家发现了积极的东西，可以回顾一下。这样你在安全地带，回头看看，分析一下发生了什么。让大家分享一下自己的观点，谈谈他们的做法，找点时间、找个地方听听，消化消化你听到的不同信息。如果和组员有场艰难的对话，就确保在私底下面谈而不是在公共场合谈。

最后，保证每个人都能致力于达到你想要的改变。他们的加入非常关键，但先确保他们知道你依然坚定不移、斗志昂扬、乐观向上，团队可以成功前进。

## 继续前进

彼得·马修斯（Peter Matthews）在《12个杰出的中学》（*Twelve outstanding secondary schools*）中谈到的"永不疲劳的能量"，即他研究的学校领导所展现出来的特质，由教育标准局出版。这些优秀的学校不是一日建成的，而是日复一日、努力奋斗的结果。对待学校核心业务，领导的决心和关注使这一动力的形成达到顶峰。对于学校领导来说，言外之意非常明显：办一所成功的学校需要做大量辛苦的工作。不仅仅是因为领导被他人视为榜样很重要，似乎除了这样别无他法。你解决了一件事，又出现其他事，总有事情要做。

过去几年里，我遇到的领导没有一个工作量越来越少的，相反，他们的工作量倒是越来越多。

## 承担风险

本章最后一部分是关于学校领导承担风险的重要性的，这本身就需要勇气，但并不是说承担风险前不仔细考虑。举个例子，给相对初级的工作人员在学校安排一个重要的位子，很容易造成相反的结果。然而这种方式对营造文化氛围有很大作用。在这种文化氛围中，人们从工作中学习，发展自己，实现自我激励、自我约束。同时这种方法也传达了学校管理层重视学校员工的想法，有利于打造积极的环境。

最优秀的领导也有勇气承担风险，做他们原本不打算做的事。吉姆·柯林斯的刺猬理念是关于时刻关注一个组织，知道它哪些方面做得好，核心业务是什么。即使事情将你包围，你也不展开行动，这也需要勇气。记得几年前，我也是领导，当时我们决定学校不参与新的学历资格活动，因为我们觉得不可能实现，这个策略绝对有风险。政府给所有学校设定了期限，把所有学生纳入新学历资格中。但是这有预计风险，建立在我们认为是对孩子有帮助的基础上。最终，这个策略并不受学生、家长和全国学校的待见，于是就搁置了。

著名的美国州议会协会发表《城市领导在具有挑战性的城市环境上树立榜样》(*A model of urban leadership in challenging urban environment*)，描述了最优秀的领导者展示勇气的方式：

- 面对反对意见和既得利益时，维护捍卫他们的信念；
- 尽管有潜在风险和复杂多变的情况，也只做正确的事而不是简单的选择；
- 适当时机承担预计风险，改善学生条件。

曾经有个领导跟我说他们学校打算办个两年制的关键阶段3，赶超别人。然而4年后，随着废除关键阶段3的学业能力倾向测验，许多学校也随之效仿。他们学校还决定取消家教团体和辅导时间，赞成学校所有成年人为学生提供一对一的辅导。这所学校具有开拓精神，它所做的决定都有预计风险，需要有勇气去做，而且最终都对学校有帮助。

我认识的一个多学科理事会领导，几年前和高层同事决定，如果几所学校离得近，就把它们考虑在信托范围内，这样一来实现了合作的意义，也促进了员工的灵活调配。同时，政府政策尽力促进学术活动快速发展，因此理事会有失去政府支持的危险。最后，时间证明这是个成功的增长战略，政府政策的改变也反映了这点。

勇气来自自信和内心的力量，通常从很强的道德意图和与生俱来的自我信念中分离出来，办学成功的各级领导都证明了这一点。

## 想一想

- 你在欣赏和管理情绪方面能做到多好？
- 即使是在最困难的情况下，你也能保持乐观吗？
- 你是否经常从错误中汲取教训？
- 你是否擅长做重大决定或偶尔在公共场合承认自己做错了？
- 你是否有勇气承担预测风险，即使有时会有点冒险？

# 第四章 谦逊

谦逊不是小看自己,而是不要时刻只想到自己。

——C.S.刘易斯

思考这本书的结构时,我就想把这章放进来了。虽然篇幅很短,但是这章简单易懂,不需要耗费大量时间解释,要是把它放在其他章节里面讲,又破坏了它的重要性。

吉姆·柯林斯在《从优秀到卓越》一书中回顾了他曾考察过的公司,这些公司从优秀发展到卓越。他发现了关于这些公司领导人的一些非常有意思的事情。

## 谦逊的力量

当我负责伦敦挑战项目从优秀到卓越时,当时校领导都说这个项目好。我们接二连三地请了公认的一些优秀的学校领导,讲一下他们的历程。大会上,我们听着这些学校领导分享着自己的故事,现场的气氛正如吉姆·柯林斯在书中提的那样。这些领导无一例外地赞扬员工和学生的优点以及社会和家庭对他们的支持。当然他们也不否认自己管理的重要作用以及对持续改善的推动。但是他们对自己取得的成就都保持谦逊的态度，总是把功劳归功于别人。

从另一个角度看，吉姆·柯林斯的发现一点儿也不奇怪。毕竟正是这种管理才在员工之间建立信任，使得人们在职场中发展自己，学习进步；有利于形成公开、诚实和透明的工作环境。领导在情商和自我意识下认识到庆祝每个人取得成绩的重要性，同时保持对业绩和持续改善的关注。

但是这里的谦逊不是假谦虚，领导者非常清楚谁做了贡献。他们相信自己的才能，不需要通过向他人展示自己的成就来证明自己。

## 尊重不确定性

正如迈克尔·富兰（Michael Fullan）在《改变的六大秘诀》（*The six secrets of change*）中指出的，高效的领导保持谦逊还有别的原因。学校和其他组织的运行模式一样，都是处在非常复杂的环境里。例如，我们如何使用社交媒体一类的新技术促进学习？关于大脑如何运作，我们都知道些什么？聘用教师的挑战以及学生人数的急剧变化，这些都给学校领导展示了不断变化的前景。

在这种错综复杂的情况下，如果领导者不保持一颗谦逊之心，无法意识到持续学习和与周围发展保持一致的重要性，那就无法在一所优秀的学校里继续担任领导的职务。

## 建立信任

还有明确的证据表明，领导者不认为自己的工作比其他类型的工作重要，将对产生动力有很大的影响。彼得·马修斯在他的《十二个杰出的学校》中明确指出，领导人和其他学校领导，无论官职高低，都认识到亲力亲为的重要性。表示自己有能力、有意愿解决问题，也期待每个人都能获得尊重，上下级行动一致的学校领导，都能产生组织动力。

这是谦逊的另一含义，它清楚地说明了领导并没有比谁更优秀。领导者知道他们是团队的一分子，每个人在团队中都是必不可少的，每个人所扮演的角色对整个学校的成功都是非常关键的。

表明自己愿意做任何工作也可以建立信任，尤其是花时间和别人一起参加看起来很枯燥的任务，比如说在大会前把椅子摆放好，食堂人手不够时帮忙做午餐，或者在家长会上帮忙签到。当把爱心和这些小小举动联系在一起时会迸发出更大的力量。

## 关注学校而不是领导本身

在这章即将结束之际，我想说最好的领导并不是胸无大志、毫无竞争力和动力的人，记住这点很重要，他们为打造最好的团队和学校而殚精竭虑。把最好的学校里的领导者区分开的是他们对学校发展的志向，而不是实现他们自己的抱负。

这又和我之前说的道德目的的重要性联系在一起。最成功的领导希望学生能得到最好的东西。当然，他们的工作是愉快、有趣、有回报的，这点很重要。但是主要的动力还是来自整个组织的成功，而不是他们作为领导取得的个人成就。

## 想一想

- 你会把团队或学校的成功归因于他人吗？
- 你有情绪化的自我意识吗？如果有，你又是怎么知道的？
- 你打算在不同工作中以身作则，把自己塑造成可以担任特定工作的形象吗？
- 你总是渴望学得更多并不断改进吗？

# 第五章　周围的人

这个世界上，一个人理解另一个人是很不容易的。

——歌德

本书前四章是关于花时间正确地了解自我倾向，主动采取措施，发挥优势，管理降低效率的情绪和习惯的重要作用。这就是我在领导生涯后期悟出的道理。

本书接下来的部分是这个问题的另一半：它不是你一直以来关注的内心世界，而是你领导的外部世界；它可能是你学校的一部分，一所学校或几所学校，这取决于你的头衔。但是作为领导，最重要的是正确地了解自己的情况，再决定你需要关注的内容，或如何处理这些优先事项。

从最高层面上看，可分为两个关键领域。首先，你负责的领域或管理的学校发展得有多好？你现在到什么位置了？下一章将对这个问题进行详细的分析。本章的重点就是你对同事的理解。就像你一样，他们也有自己的天性、长处和发展领域，但是你知道具体内容吗？你是不是自觉地、有意地思考和别人相处的方法并反映差异？你是否倾向和他人共事时采取相同的方式，这种方式也许更能反映你的偏好，而非对大家都有益？

## 逐渐了解他人

上一章提供了许多建议，可以帮助你了解自己，这些方法同样也适用于别人。也可以使用性格测试工具和360度全方位反馈。因此，可以使用数据有效地监测结果，更多内容将在下一章详述。

你也很可能从日常接触中了解同事，无论你是中层领导还是高层领导，你是办一所学校还是几所学校，你肯定要和一些重要的人共事，这对你认识和深入了解他们有很大帮助，这些人可能是向你汇报的人、你的同龄人或者其他比你高一级的人（如政府官员和理事会成员）。那么你如何充分利用这些互动呢？

最重要的就是你需要专注于花时间、精力去聆听和仔细观察你的同事。梅拉宾（Mehrabian）说："一个人对他人的印象，有7%取决于谈话的内容，38%取决于语气，肢体动作所占的比例则高达55%。这就提醒了我们必须注意这3个方面的交流。同样养成先提问的习惯也很有帮助，这将在本书的最后一章详细讨论。通过问一些中立的问题，你可以快速判断他人对问题的思考和动力在什么水平上。

## 你在寻找什么

简单来说，领导需要努力了解他人的能力、偏爱的工作方式。如果你能做到这点，你就可以选择相应的方法。假设你要介绍一个新想法，一些同事可能希望在深入细节之前，正确理解这些想法如何适应更广泛的战略。而另一些同事需要了解事情实践中的细节，才能对更广泛的战略感兴趣。如果你想向一个人提出一个新的想法，但没有将这些偏好因素纳入解释中，同意你想法的人或参与项目的人将不可避免地减少。

同样，如果你早已制订好清晰的执行计划，你的部分组员会非常开心，因为他们清楚地知道未来是怎样安排的，有哪些计划。对于其他人来说，就起了反作用。事实上，有些同事不愿受太多束缚，有些计划实施的过程中不适合灵活地修改。

## 发挥优势

了解团队的另一个重要原因就是发现团队成员的长处，确保你和同事可以抓住机会，发挥所有人的优势。黛博拉·安康纳（Deborah Ancona）在《不完美的领袖》(The incomplete leader) 中说道："最好的领导知道自己擅长什么，并带领其他人做他们不擅长的领域的工作。"除了最基本层面的意义，同时还从两方面激励了他人。第一，你或者其他同事首先知道了自己的长处；第二，每个人都喜欢做他们擅长的事情。因此，不仅要确保正确的人在公共汽车上，还需要确保每个人都在正确的座位上。

## 管理不同的人

最好的学校领导，无论级别如何，他们都清楚别人喜欢什么样的工作，发挥自己的优势，他们也擅长观察同事在团队里的表现和相应的反应。彭德尔顿和弗海姆创建了一个有趣的模型，如图5.1，领导可以根据他人行为和价值以及在工作中的表现来分组。

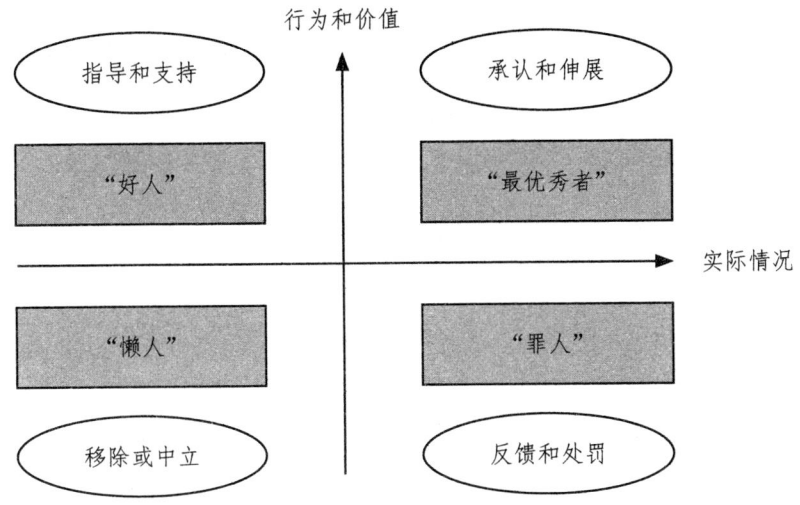

**图5.1 表现和行为**

咱们先从"最优秀者"开始,这些都是团队中表现特别好的人,他们的工作完成得很好,工作方式也和你期望营造的文化环境相一致。你要认真对待他们,不能忽视。就像你一样,他们也需要挑战、充分发挥自己的作用,并且受到认可。他们越觉得自己在未来有发言权,情况就越好。

另一个极端就是团队中的"懒人"。他们的表现很差,对团队文化和环境有害无益。你要迅速了解他们糟糕的表现和态度背后的原因,清清楚楚、毫不含糊地给出反馈,告诉他们要相应地做出改变。让他们清楚自己所做的决定关系到自己的未来。他们需要快速地改进,不然就会吃亏。最终,你得想个方法,把他们有尊严地请出去。

"好人"虽然是你团队中的好心人,但是他们还不够优秀。和对待"懒人"的方法一样,你得花时间了解,是什么阻止了他们很好地完成工作,确保他们得到支持和指导,取得进步。只要他们一直以足够的速度在改进,你就应该一直支持他们。只有当他们似乎已经达到顶峰,却还低于你的期望值时，你才可以考虑让他们再换个工作。

最后，团队中最难搞的就是"罪人"。他们是精英人群，取得了累累硕果。但是工作的方法破坏了你设法营造的文化环境。比如说，不及时完成报告或不遵循行为体系，经常不忠于你的领导，不忠于团队里的其他人。简而言之，他们总是让你心烦意乱。如果你接手了一个团队，而团队成员的表现很差，你就得和"罪人"相处一段时间了——让他们中的任何一个工作才是当务之急。但是，如果随着时间的推移，你感觉自己已经到了一个临界点，团队所受的消极影响已经超过自身表现的积极影响，可能要采取行动来解决他们的问题。不像需要指导的"好人"，这些"罪人"需要的是清晰的反馈，他们要改变什么，什么时候改变。指导不是他们所需要的，他们只需要决定改变或者直接面对后果。如果还没出现任何改变的话，最终可能就需要他们离开了。

许多学校在处理"好人"方面比处理"罪人"方面更好，部分原因是通常要达到的能力层次都有书面说明。但是，如果处理的是纪律问题而不是能力问题，明确表达对于他们行为的期望，就显得同样重要。

我认为彭德尔顿和弗海姆并非建议我们把员工放在一个个盒子里，贴上标签，非黑即白，通常人们要比这复杂得多。但是该模型确实为你提供了一个有用的方法，让你思考不同的人可能需要用以他们为中心的方法，而不是你不管处境如何，对任何情况都做出反应。

## 想一想

- 你了解别人的性格倾向吗？你是否使用性格测试工具测试过？

- 你是否使用360度全方位反馈或其他机制来更好地了解你周围人的表现？
- 你有多么擅长观察别人说话的语气和身体语言背后的意思？
- 你有多么擅长发挥他人的优势？
- 你有多么擅长区分与你共事的人的行为和不同的表现？

# 第六章 环境

很少的观察伴随很多的推理导致错误的结论，很多的观察加上些许的推理可得到真相。

——亚历克西·卡雷尔（Alexis Carrel）

在决定行动优先事项和实施方法前，正确了解你的情况至关重要。本书上一章节讲的是关注周围的人，关注他们的长处、弱点和倾向。本章从更广义范围上谈论环境。你对自己的工作环境有多么了解？无论是学校课程还是学校环境，学校本身还是几所学校？要想得出策略，首先得知道自己到哪儿了，你需要做什么以到达你想去的地方。

业绩数据能说明你的环境，尤其是当这些数据是相似的学校和国家的平均数。但是还有许多其他的数据来源可以考虑在内，因为业绩数据提供的参考有限。

许多学校利用匿名调查或问卷调查来找到发展优势和领域。大多数可利用的工具提供的都是全国平均水平的有用数据，你可以通过这些数据来定位自己现在的状态。在本书中，我们提供了3种简单的网上调查工具，从3个重要的群体中得到重要的反馈：学生、家长和员工。

大多数情况下，你不能代替所有人说真正想说的话，这当中是有技巧的。除了收集有用的信息，和同事聊天对增加相处机会也大有裨益，只要说话过程中人们能感受到真诚就行了。我所知道的几个领导，他们面试每个要进学校的员工，想要从中发现学校在哪些方面工作做得很好，怎样才能变得很好。这对员工的影响是非常重要的——每个人都觉得自己的意见受到重视。甚至有个领导，在同一个学校工作了15年后，每年依旧和教职工逐个谈话。

## 洞悉发生的一切

学校内部更正式的监督，可以让你随时随地了解事情的进展。这是你真正了解学生的方式，也是正确理解学校文化的方式。

有许多方法可以进行监督，你越能将它们结合起来，监督效果就越准确。

学习走访可以让你清楚教学过程中和学习环境下每个班级、每个教师的情况。他们的表现大不相同：他们可能非常正式，比如，10分钟观察并提交书面反馈；他们可能非常专注，比如，每周或每天关注阅卷、学生的成绩分化和评估；或者他们"突然造访"，包括和教师的互动，和学生的互动，评估教学质量和学习情况。

不过这些都是学校的实际行动，关于监督，这里还有一些重要的基本准则：

- 每个参与其中的人需接受这个方法，并且同意具体的实施步骤；
- 确保每个人都知道监督的重要性，有助于提高标准；
- 学习走访应有准则指导；
- 反馈内容和方式是什么？我们从反馈中能得到什么？多久有一次反

馈？针对反馈，他们能做些什么？

你和同事应对此保持持续关注，以保证提供一致、公正、有用的监督。

你和同事还应细致谨慎，定期回顾阅卷和教学计划。将目标清晰地传达给每个人，有助于获得大家的认可。你可能在年初想要创建一个关于目标的考察日程表，并提供有针对性的方法，让大家知道这些反馈于何时、以何种方式打造开放、透明和系统的自我评估。除此之外，为什么不将大量优秀的实践建档归案，而模仿和分享有助于大家知道有哪些实践障碍。

## 综合数据

如你所知，越能将所有数据紧密联系，对目前状况的描述就越清晰。利用学生进步数据，把学生分为不同的小组，结合课程观察、走访学生，就能获得我们最关心的可信的重要测量概念：教学在不同阶段的影响。我们都知道，如果教师处于观察之下，他们能把课上得很好。但这是一个颇有争议的问题，它是否涉及经典教学，或者说，当结合质量反馈时，它是否突出体现学生的进步。即使有所体现，迈克尔·斯特朗（Michael Strong）对课程的观察也引入了另一个问题，即对单科成绩评价的可靠性。

见表6.1，对同一门课程的观察可以得到不同的结论，从而得出不同的学科分数。

你周围的人的理解也是同样的道理，重要的是清楚自己所处的大背景，尽可能思考各种数据和信息。无论你处在何种管理级别，这都能让你高效地决定自己要做什么，应该怎样做。

表6.1 课程观察的可靠性

|  |  | 第二个评分人不同意的概率 | |
| --- | --- | --- | --- |
| 第一个评分人 | 百分比 | 最佳 r=0.7 | 最差 r=0.24 |
| 优秀 | 12% | 51% | 78% |
| 良好 | 55% | 31% | 43% |
| 有待提高 | 29% | 46% | 64% |
| 不足 | 4% | 62% | 90% |
| 总计 |  | 39% | 55% |

## 想一想

- 你或者同事是否曾对学生、家长和员工匿名调查，定期测评文化和氛围？
- 你是如何监督员工的工作和表现的？你建立的系统是否在大体上稳健、透明地执行？
- 员工是否认识到观察和监督的重要性，他们是否认可这一观点？
- 高层领导是怎样中和及批准已做出的判断的？

# 第七章 策略、愿景和价值

在我看来，最好的CEO是教师，他们教学的核心就是策略。

——迈克尔·波特（Michael Porter）

我们从几个学校的校长那儿得到消息，最近教育界经常出现的一个最显著的特征就是重视清晰。这几个校长参加了我主持的G2G会议，他们办的学校好几次被评为最佳学校。清晰的远见和清晰的策略。校长讨论了拥有明确的未来和共同目标的重要性，还讨论了学校体系和工作流程具体细节明晰化：实现策略。

本章我们将一起看看这些领域，除了之前提到的吉姆·柯林斯在《从优秀到卓越》中提出的一些观点，书中描述为"刺猬理念"，同时也检验皮特·马修在教育标准局出版的图书中的一些观点，我们将借用学校的一些表现来进一步探索这个问题。

同时我们还将探索好的管理在支持正确的战略性方法上所扮演的角色，从美国全国州长协会出版的优秀出版物《治理框架》一书中寻找灵感。

## 明晰的目标

所有成功的学校都有明晰的目标，学校的每个人都要明白自己要达到的目标。但是通常这些目标都太过宽泛而显得没有意义。所以诀窍在于确立目标，详细地说明学校的特色、优秀的学校和教学质量有所下降的学校之间的区别。

那么学校究竟是如何实现它们的远见的？从个人角度来看，孩子和成人的经历让他们对什么是理想的学校有自己的看法，最重要的是好学校是怎么运作的。学校领导明确地知道他们想要达到什么目标。然而，要想把满腔热情转化成言语可不是那么简单的。

还有一个问题就是学校的远见要在多大程度上反映校长、领导小组或者管理机构的想法。毫无疑问，参与学校决策制定的人越多，人们的主人翁意识就越强，就会对政策更加认可。

方向一致对任何学校来说都至关重要。然而，伴随这种协商而来的是强大的健康警示，学校领导要熟练地处理问题。人们想终结的最后一件事就是平淡无奇的言论，这些适用于每一所学校，而且每个人都认同，但谁都没能说出不同的点。

几所学校就把这个挑战放大了。如果你是系统领导，你肯定意识到让每个学校都保持特色和让几所学校知道各自独特的气质的矛盾。打破这个循环的一种方法就是，让这些学校一起决定重要的原则，可以学习长颈鹿概念。然后让每个学校解释它们各自的问题。

组织能够真正缩小它们想达到的目标，并使这些目标具体化，这是非常重要的，吉姆·柯林斯对此非常清楚。他继续用动物做类比，提出了刺猬概念。这是一个来源于刺猬和狐狸的寓言故事。狐狸每天都设法战胜刺猬，为此还想出了一系列策略。但是刺猬是怎么做的呢？它每次都做一样的动作：身体缩成一个刺球，成功地抵抗了狐狸的每一次进攻。每次新的提议出来，或者校长想到了一个绝妙的主意时，学校就跟随潮流。也许这样的学校还不错，但是不可能一直很优秀。

## 制定战略

美国全国州长协会出版的优秀刊物《治理框架》，为董事会确定了3个核心目标，无论是作为理事监督一个学校，还是作为理事会管理几所学校，都需要做到以下几点：

- 制定战略方向；
- 稳住校长，思考学校教育表现；
- 确保财务健康，讲诚信。

第一，把战略置于学校管理的核心地位。理事或受托人的作用就是保证学校基于一个清晰共同的远见而制定的长期战略。同时，确保战略性输入和行动交付之间清楚的界限也是非常重要的。图7.1总结了具体实践步骤。

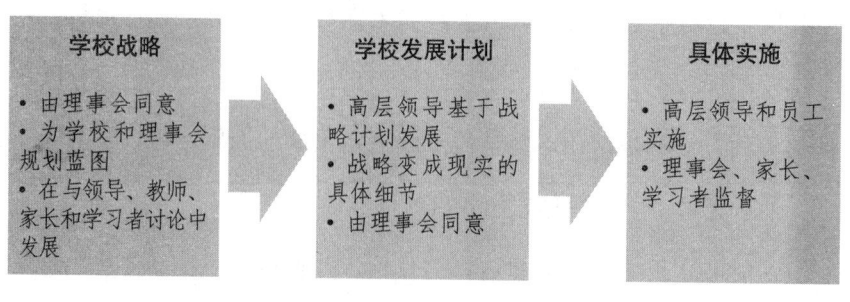

图7.1　制定战略——管理的作用

美国全国州长协会建议蓝图应具备如下条件：

- 有抱负且易实现；
- 考虑学校现在的情况；
- 考虑股东的想法；
- 理事会同意并承认。

## 监督传递

一个伟大的战略若没能很好地传达就是在浪费时间。温斯顿·丘吉尔（Winston Churchill）提醒我们："无论一个战略多么漂亮，我们还是应该偶尔看看它的结果。"学校领导和理事会需要稳健的体系，确保战略得到执行，并清楚这一切对学生所产生的影响。制定"聪明"的目标是非常重要的，即具体的、可衡量的、可实现的、有意义的和有时间限制的。设定一系列重要的表现指标有利于监督战略的要素，而这一切是定期循环回顾的一部分。

高层领导和理事会针对数字和信息做出的稳健推论和验证也十分重要。对一个办学失败的学校来说，通常情况是，一切发展得还挺好，然而结果并非如此。理事会必须确认学校现在的发展表里如一。最关键的是，理事会和受托人真正了解自己的学校，然后提些很好的问题，面对挑战、正确地承担责任并庆祝成功。

## 目标—战略—战术

阿拉斯泰尔·坎贝尔在其《赢家》（Winners）一书中谈到目标—战略—

战术的重要性。阿拉斯泰尔·坎贝尔是前首相托尼·布莱尔（Tony Blair）的办公室联络主任。他的主要观点就是一旦你有了一个目标，思考你主要的实现战略非常重要。他回顾了1997年英国大选，当时他们的目标是让工党赢得选举胜利。战略是我们是新型工党；战术是制定全面战略的一系列行动和策略，比如取消条款四，和右翼报业交友以及设计一个新的党派徽标。结果工党赢得大选。把这个和工党的最后一次选举做对比，我发现其实是没有所谓的真正的全面游戏计划。确实，目标是非常明确的：再次获得政权。但是一个连贯的战略并不是战术的简单叠加。事实上，有些政策和信息似乎有点矛盾，比如，政党努力指出"工党是商业的伙伴""经济是安全的"，然而同时他们又呼吁为能源价格和私营房租设定金额限制。当然，后见之明是很好，但无论他们的政治观点是什么，给出的分析应该一致。表7.1采用的方法可以运用于学校。

**表7.1　使用目标—战略—战术**

| |
|---|
| 目标（理想状况下一年2~3个，最多6个，符合SMART原则）。|
| • 到2022年，上大学的学生人数增加到160名。|
| 战略（每个目标仅制定一个战略）。|
| • 独立自主和成长心态。|
| 战术（对接每个战略——尽量简明扼要）。|
| • 赞扬努力和过程；<br>• 不做外部奖励，如Vivo点；<br>• 组织初一、初三、高三学生参观大学；<br>• 邀请之前学有所成的学生演讲，激励初二、高一和大一的学生；<br>• 从初一起拓展方案计划，增加10门课程；<br>• 提供更多的合作课程机会，包括运动、艺术、旅游、冒险、辩论、志愿活动、野营；<br>• 组织会见当地名人。|

这里最重要的一点是，无论设置了什么目标，你最好只制定一个战略，然后再一一布置战术。

在我看来，办学最成功的学校是那些制定正确的战略，坚持执行的学校，并保证每天都这样。无论目的多么简单、已经实行到哪一步了，确立核心目标是非常重要的。即使是组成校训的几句话也可以说出来，这样可以团结学校相关的人。

举个例子，我曾经工作过的一个学校，最近为学校生活的方方面面设定了非常清晰和简单的指南。3条重要言论组成了学校全体师生要做的事，而且员工或学生可以将其运用到任何情境下。第一，门口的街道；第二，专注高标准；第三，没有任何障碍或借口阻挡学习或取得成就。

如果学校没有一个清楚的未来方向，很可能就此失去方向感。员工、学生和家长不可能在大脑里运行成百上千种政策。他们需要的是一系列清晰、重要的原则，这些原则可以让他们下次在不确定该怎么走时，有准则可依，并适当地运用于实践。他们会遵循政策，只要这些政策和核心价值观相符，并商定了共同的工作方式。

同理，学校的各级管理也是这样。当学校领导需要做出决策时，没有比明确的指导和方向更有帮助的了，它们帮助领导做出决定。正是这种明晰在学校内部每个人身上产生信任和自信；正是这种明晰让高层和中层领导可以在他们的影响领域做出决策，与全面战略性方法保持一致，但是又会具体情况具体对待。换句话说，这又是长颈鹿理念。

回顾我在学校工作的时光，清晰的目标在很多领域都极其重要。有些领域在这本书里也有，但是有两个领域需要在本章进行深入探索，这两个领域是学校的核心内容。第一个是教学和学习；第二个是明确与体系相关的行为和学习环境。

## 清晰的教学法

最成功的学校所做的就是确保每个学生所受的教育能产生最好的效果。总的说来，学校也设法确保教师的工作是可以管理的。为了实现这个目标，学校经常进行内部辩论：我们的学校应该有一个全面的教育框架吗？

这个问题的答案不是很简单。辩论内容的第一部分集中在大家是否喜欢一个共同的教育方法。有些人认为教师应该自由地发挥他们的教学方法。毕竟，大多数教师喜欢默认一种教学方法，这些方法反映了他们以前是如何接受教育的；他们的启蒙教师如何训练他们；甚至这也可能是他们喜欢的学习方式，会让他们下意识地认为别人也是用同样的方法来学习的。不应该让教师专注于有优势的领域吗？让教师自由地根据自己的方式制订教学计划，讲授课程，那么教学和学习质量会大大提高。

在某些情况下，这种方法可能奏效，但是大多数成功的学校也承认这种方法存在的一些问题。首先，一个教师的教学计划和资源能够给班级带来的好处是非常有限的，尤其是当外界期待他们能够根据不同学生的需求制定个性化课程时。简单地说就是，这项任务不可能完成。因为班级太多，有太多的教学计划，需要创造出优秀且连贯的课程。同时，这种个性化方式也忽视了一个事实：也许有办法教授特殊的技能或知识，但是每个教师的全部才能或个人经验可能并未体现出来。在这些情况下，会有两种可能的结果：不是教师觉得工作负荷过重，对教学事业失去热情，最终离开这个行业，就是他们打着"保全自我"的旗号走捷径。很明显，没有人想出现这两种后果，而且这两种后果也无法打造本书认为的卓越学校。

成功的学校认识到教师之间精诚合作的重要性，有利于创造高效的方案让每个人使用。这个计划也需要一个实际的、有科学依据的方法，以满足每个学生的要求。这不仅可以分担教学负担，带来显著的好处，意味着教学和学习质量建立在计划的课程上，教师对如何最好地教授这些课程达成一致，而且也为教师提供了一些教学后的机会，让他们分享自己的思考方法，哪些地方做得好，哪些地方没做好，下次再做改变。

为了让共享计划更加有效，最好的学校发展出清晰的观点，是什么造就了好的教学，学校再次面临哪些重大挑战？任何一个教师都会跟你说现在流行的教学潮流变化得有多快。比如，围绕以学生为中心还是以整个班级教学为中心的辩论一直在进行中，正如围绕技术还是知识的辩论一样。在我看来，这些经常是一种错误的二元对立。优秀的教学包括两部分，第一是教师精通学科和课程知识，能够给出很好的解释并且进行示范；第二是学生有大把机会加深理解，能够以复杂巧妙和有意义的方式回顾他们所学的内容。

这里还有一些实际的考虑，尤其是我们知道留住教师一直都是个关键问题。最成功的学校也承认，教师并不是超人。这些好学校的领导尽自己最大的努力让教师的工作尽可能容易，承认时间限制和实际班级问题。同时，他们确保学校里的一切为教师创造最好的机会来满足所有学生的要求。结果就是，一些学校现在制定了广泛的措施以提供清晰明了的教学。如此一来，学校就有机会以共同的方法制订灵活的计划，满足所有学生的要求，发挥每个教师的优势，允许不同学科都能有与其相适应的教学方法。这个方法是为了建立一个框架，而不是一种束缚。它打下了教育法基石，在此基础上，学生和教师可以充分发挥创造力、实验精神和个人特色。

例如，近年来我工作过的一些学校发展了高度发达的学习评估政策和实践方法，它们借鉴了迪伦·威廉和保罗·布莱克（Paul Black）的开创性作品。另一些学校则通过质量对话聚焦培养学习的重要性。任教于剑桥大学的罗宾·亚历山大（Robin Alexander）在其作品《对话教学》（*Dialogic teaching*）一书中提到了质量对话。剑桥大学简单地概括了什么样的课程才是优秀课程，始终将高质量教学贯穿于教学方法的核心，每个教室的墙上都贴着教学框架。员工都知道自己要达到的目标。这就保证了教学全过程的清晰和连贯。

无论这种方法源自何处，共享教学方法给教师和学生带来的好处是难以估量的。不仅教师很放心，而且学生自己也知道他们是怎样融入教学方法的，从而受益良多。

在后面的章节中，我们可以看到，大多数学校能成功的显著特征就是把重点放在培养教师和学生上。共享教学所产生的清晰目标会带来很多好处，有利于实现教学目标。

## 营造积极的学习氛围

本章第二部分主要集中介绍在优秀的学校里，师生是如何携手努力促成一个连贯的方法来管理学校，营造积极的学习氛围，从而实现清晰的目标。彼得·马修斯在他的书中描述了他研究的优秀学校是如何全面发展高效行为政策的，这些学校非常清楚不对事情做任何假设的重要性，要确保已经完成保持正确的学习气氛的工作。对于顶尖学校来说，达成平衡很简单：在行为规范很好的学校里，学生学习更有效率。就像学习热爱度和学习成果之间明显直接的联系，这里还有一个非常重要的因素需要考虑，如果教师耗费很多时间维持纪律，那么这个学校就没法有效地吸引和留住优质教师。如果好的教师离开了，学校很快就会发现它离原本的目标会越来越远。

对于那些成功的学校来说，所有的教师都在促进和保持积极的学习环境，学校鼓励并奖励那些良好的行为，对不好的行为进行适当的处罚。在顶尖学校里，明晰的目标、清楚的体系和共识为有效的行为管理奠定了坚实的基础。

对于学校领导来说，最大的挑战就是将这些想法付诸学校日常生活。优秀的学校里，清晰的信息反复出现：确保你的行为政策注重让学生对自己的行为和学习负责。支持学生在相互尊重的基础上发展自律能力，这种尊重有明显的界限，并始终存在。

正如我们之前已经提到的，在学校里打造共享的目标是非常重要的。教师、学生和家长需要对学校的目标以及这样做的缘由了如指掌。当然在此过程中，一个成熟的教学方法是其中的重要一环。如果课程有趣，上课速度紧凑，满足学生的需求，这样他们才更容易做出适当的回应。但是有时候保持积极的学习氛围仅有良好的教学还不够，每个人还需要清楚地理解学校的期望。

清晰度不够会导致冲突，因为每一方都对什么可以接受，什么不可以接受各执己见。这就不可避免地意味着你需要发展一系列惯例和程序，涵盖学校生活的方方面面。但是如果有一长串的政策，整个学校可能就会被这些条条框框压得喘不过气来，这也是很危险的。顶尖学校可以很好地平衡这两者的关系。

一个解决方法是制定一整套通用的原则，支撑学校的运行。可以从相互尊重开始，这是一个很好的概念。最关键的问题是：可接受和不可接受之间的界限究竟在哪里？我亲身的经历告诉我，不论界限在哪儿，学生总能触碰到。最好的学校把这条线放在最高标准处，并通知学生、家长和教师。这些学校会坚定地守着这条线。设定最高期望，在学校方方面面的工作中坚守这个期望，没有什么方法比这更有效了。

事实证明，一旦大家一致同意总体预期，优秀的学校会将其具体化。例如，从不同层面定义积极和消极行为，然后制定应对方案，如此一来，情况更加明晰，解决方法也就出来了。我发现我所工作的学校，班级内部管理条例的层次逐渐减少。

## 清晰的体系

考虑到本书并不是为各层领导创办优秀学校提供方法，如果有人因此觉得教学方法、行为管理系统的清晰是创办优秀学校的前提，也是可以原谅的。然而，在读了这么多内容后，我们可以看到贯穿G2G项目中优秀学校的是清晰的体系和预期，这保证学校在承担风险、进行试验的同时，能够得到保障；使其认识到清晰的体系为学校驶向未知领域奠定了坚实的基础。

顶尖学校在以下方面创意满满，如培养班级实践、鼓励学生试验、自由表达，并经常把自己的情绪传达给同龄人。当让学生感到舒服和支持的正确条件到位了，创造力才能繁荣发展。最成功的学校会使用新的流程和想法，努力打造为整个学校共享的工作方式，使学校一直发展下去。

## 专注的重要性

最后关于清晰的抱负和战略就是清楚地知道学校专注于什么所带来的好处。因此，根据这个定义也就是决定不做哪些事。正如史蒂芬·柯维（Stephen Covey）所说的："最重要的就是突出重点。"

我任职过的一些成功的学校，它们传达出的清楚的信息就是，善于分辨哪些事可以帮助实现核心目标，哪些事有分散目标的危险。我们都知道实践每个方案，尤其是检验框架和其他的国家预期会诱导学校这样做。

那些有一套完善目标的学校，处于有利地位，制定发展的决策。但是顶尖学校不仅有清晰的目标，学校上下还会对要实现的目标达成清晰的认识。根据这些工作方式，判断某一特定举措是否值得。

正如彼得·马修斯所说的："一贯来说，这些学校可以保持敏锐的关注、严格和一致性；同时深入创新和发展条例给学生的学习和成绩带来新的利益。它们不会勉强支撑着做事，会小心翼翼、不跟随潮流。中层和高层领导对于哪些发展有利学校，哪些不利于学校都有透彻的理解。他们密切审查新想法、新发展，问自己能给学校的发展带来什么价值。"

重要的是，这些领导也理解学校有多大能力支持创新和发展，他们积极工作以加强创新和发展。然而，学校不害怕承担风险，它们承担的风险都是经过认真思考、仔细思索后才做出的决定。它们所做的一切都是经过精心计划然后才审慎地执行。

换句话说，学校把注意力完全放在核心业务上。学校也鼓励创新、有创造力、承担风险，但是它们必须向学生传递明确的目标。

## 获得证据

最近很多文章中都提出，教学越来越成为一门基于证据的职业。没有证据，我们就没法制定战略、干预工作，因为我们只有个人的观点和判断。长久以来，我们对哪种阅读策略奏效的判断，班级规模多大教学效率才最高的判断，都是基于错误的假设，这些假设来自教师和领导的个人经验，而未考虑其他的证据。

基于证据的方法融合了个人经验、观察和对其他外部证据的分析。通过这个方法，你可以根据自己的环境为学生制定出发展战略。基于证据的方法同样也意味着不要未经验证就采取外界产生的想法。比如，在过去几十年里，有两种方法横扫教育界，一种是视觉、音频和动觉学习方法；另一种是健脑操。人们都认为这两种方法旨在深入了解学生的学习，帮助他们提高认知能力和成绩。他们还认为成千上万的学校都把这两种方法当成解决学生参与和学习的答案。但是后续研究表明，这些想法毫无根据。

作为教师和领导，我们经常把战略和干预措施建立在个人经验上或者建立在我们认为有用的事上。这就是为什么中层领导有时觉得，越是经验丰富的员工，他们的视野越开阔，经历就越多，认为这些员工懂得很多，能告诉领导哪里出现了问题。但是现实情况是，无论有没有证据，都很难知道哪里有问题。好的策略可能也不管用，因为教师实施得并不好。证据给予你支持，让你对自己的战略有信心，它提供了实证依据，用以反驳怀疑者，并让整个团队专注于工作。

如今，获得证据变得越来越容易。最实用的两种证据的来源就是约翰·哈蒂（John Hattie）的看得见的学习和教育捐助基金会工具包。这两种方法相互关联，在班级规模和作业上对学生产生影响，并且评估他们的学习。教育捐助基金会工具包还提供一定成本和价值的数据，因此你可以判断使用哪些干预措施。

## 想一想

- 你是否清楚自己要实现的目标以及2~3个重要的工作要素？
- 理事会是否是战略方法发展、监督执行和影响的核心部分？
- 目标—战略—战术概念对你所处的背景是否有用？
- 你是否需要制定一个清晰的教学方法？
- 你是否有清晰的体系和步骤来有效地管理行为，并为学习营造积极的氛围？
- 你是否擅长拒绝会导致你分散精力的倡议？
- 你是否清楚你的核心原则？你是否对工作的方方面面都有最高的标准？
- 你是否为员工提供机会合理地评估学校的创新改进？
- 你是否为员工提供机会基于研究和证据共享学习？
- 你是否以严格的方法设计、执行和回顾学校研究和试验？
- 各级领导是否根据内外部研究和证据做出决策？

# 第八章　建立合作

以身作则不是影响别人的主要方式，而是唯一方式。

——爱因斯坦

正如我在引言中提到的，或许你会有一大群积极向上、热爱工作的员工，但是如果他们不能拧成一股绳，团结一致，追求共同的目标和战略，你还是无法取得成功。这就是为什么对各级领导来说，合作是如此重要。当然，如何实现合作取决于你所处的环境。不论你用何种方式，一套清晰的战略可以巩固想要营造的文化，一群团队成员可以把方法付诸实践，两者相结合构成了学校上传下达效果的核心。

在为团队建立合作方面，你还有很多事可以做，因此本章将从中挑选一些进行探讨。良好的交流是合作的核心要素，其中包括清晰的信息、认真聆听和观察。交流是个双向过程，你不仅要说，还要倾听和观察，记住这一点很重要。

## 提高清晰度

交流的重要作用就是提出预期，而预期可以让学校的运行变得更加清晰，从而上下达到高度一致。优秀的学校领导不断强化完善预期，一有机会就讨论，不断地向员工表明他们重视和欣赏个人所做的贡献。

每天当领导在校园里走路时，他们都在思考怎样表扬学生和员工，思考对他们行为的评价。虽然偶尔灵光一现，但是这些意见和评价对当事人来说可能意义重大，也因此能有美好的一天。

向别人灌输哪些事情要紧，哪些事情重要也可以增进理解。在每天相处中，一点一滴地灌输预期，久而久之，也能形成星火燎原之势。

对于那些不喜欢公开接受表扬的人来说，私下谈话有时会有更好的效果；对另外一些人来说，每周通报会上感谢他们的贡献则很重要。这不仅激励了当事人，也向其他员工传达了什么是重要的，而什么又会受到重视。

然而，表扬的最佳方式通常是写信。一张收录于档案的手写便条，表明学校领导花了点心思，认为这件事值得坐下来亲力亲为。

就激励员工和赢得忠诚来讲，私人便条或许是表扬的有效措施之一，它有利于促进交流，提升期望。

## 员工共建理想及制定战略

如果有时间的话，设计一个让所有人感兴趣参与塑造未来和制定战略的流程是非常值得的。如果员工对目标和方法有发言权，他们就可能在推动发展上贡献自己的计谋，而且达到更高的标准。从某种程度上说，比起其他地方，这种情况在学校更常见，就是因为教师经常独立办公。甚至在学校，学生在课堂上进进出出，教师大部分时间也只是不闻不问。这些情况下，人们需要内在动力来出色地完成任务，因为通常没有人对其进行调查，并实行外部奖励或惩戒措施。

## 激励员工

然而，人们需要的不仅仅是咨询，更需要去感受，所有领导都要给自己的团队带来灵感。如果想要实现自己的目标，对学生产生影响，那么灵感就是关键。首先，你的热情和努力会激励员工，因此高标准、积极的示范你的预期，可以很好地影响他人，促进合作。以身作则是获得认可的良方。

除此之外，还有许多巧妙的方法可以激励他人，包括重视他人的贡献，特别是在他们努力工作或者有优异表现的情况下。激励和日常交流有着同等重要的作用，一些重要时刻也是如此，比如9月份的第一次团队会议。如果员工信任你并认为是你激励了他们，无论他们对你的建议有何感想，都会照章办事。另外，也许你有最棒的主意，但是如果没能激励、说服他人，还是没人为你传达想法。

有时，新上任的领导发现，学校近几年办学效果不佳，教学质量低下，学生和员工都极不情愿地来学校。这种情况下，实现目标似乎难于上青天。纵然脑海里思绪万千，比如说创造良好的学习环境，进行启发思维的教学，招收聪明热情的学生等等，但是怎样才能让别人看到你的抱负呢？

因此善于交流、准确地表达自己想要什么就显得至关重要，其中演讲技巧很重要，你要考虑如何才能让人理解。演讲内容不能杂乱无章，因为杂乱无章会掩盖关键信息。演讲时，规划清晰的成功蓝图，制定战术策略能打消团队成员的疑惑，激发他们的斗志。还有一个好办法就是找个你信任的人，私下跟他彩排一下演讲，充分利用这些机会。

演讲是一种非常有效的方法，能让每个人都融入其中，但要注意的是，演讲的结果会因人而异。因此正如之前提到的那样，了解自己的环境很重要。一场精心策划的演讲在结束时要确保每个人都知道自己在这次展望中的角色，在团队中的作用，知道自己受到高度重视，知道自己出于各种原因也要出色地完成任务，知道团队领导相信他们能够发挥重要作用。整个团队都对未来有着清晰的了解，知道各个时间段他们要达成的目标。团队成员对自己的能力充满信心，相信自己能完成任务，因为他们的领导信任他们。

## 诚 实

正如斯蒂芬·科维在《信任的速度》（*Speed of Trust*）中提到的，领导的诚实坦白、实话实说是非常重要的。领导不要试图制造假象或歪曲事实，这样不仅能够建立信任，而且还有利于营造公开透明的文化环境，讨论那些不一定能成功的事情。在这些情况下，用简洁的话语描述事情的原来面貌，避免操控他人思想或歪曲事实就显得特别重要。

有的时候，领导想隐瞒一些事，比如议程、某些事实或观点；有的时候他们甚至想把自身利益置于团队利益之上。在此情况下，直言不讳常常需要勇气。关于这个问题，我们将在下一章讨论。

但有迹象显示，那些进步很大的学校不允许掩盖事实，它们把个人和团队间的开诚布公和信息共享视为改进的机会，有利于建立真诚的对话和进一步合作。

## 讲话方式

然而，提出这些问题的方式也非常重要，我们要注意用合适的方式说话。如果讲话太温和，可能会丢失重点；如果讲话太直白，可能会错失改变行为或推动发展的机会。

培养合理权衡的能力并非易事，这也告诫领导者不仅要有自我意识，而且还要适应沟通者的要求和情况。给自己留有空间进行反思也非常重要，因为通常情况下，你只是仓促地进行交谈，而不去认真思考怎样交谈才是最有效的。

## 影响他人

每个领导都要凭借他人之力才能把工作做好，你也是如此。因此，影响他人的能力至关重要。要达成目标，你不仅要激发团队的热情和兴奋，还要影响团队外那些间接影响到你工作的人或事。

影响他人在很多方面都起到重要的作用。职位不同担负的责任也不同，比如说，实行一学年的新课程，为学校引进新的行为规范或建立新的语音教学法，这些都需要员工的想法。当然你可以支持员工自行决定，不过问实行的内容，但前提是你的员工相信这些变化或新方法能带来好处，他们可以减少额外付出。有效地影响团队成员可以保证引进的变化产生预期结果。

对于中层领导来说，影响团队外部因素的能力尤其重要。例如，采纳别人可能对团队产生直接影响的决策。也许你想影响学校体系中奖励学生成绩和行为的决策；也许你很热衷影响关键阶段或部门的教学助理调动安排；也许你想在学校的日程设置上有发言权。上述所有决定通常是由上层领导团队制定的，而这些决定会直接影响到你的团队工作。从这一点来看，当领导做出决定后，你施加影响的能力就非常重要。当然，有必要的话，你的直接领导会按照你的要求行事。但你要是能自己处理好这些事情会更好。

大多数学校的领导都非常擅长影响他人。当然，这是在事业初期所有领导者都必须培养的技能，就像你每天和学生打交道那样。花些时间思考如何系统地影响他人，可以收到更好的效果。

## 影响程度

首先，思考一下你能影响他人的程度。如果你在一个地区参与扫盲行动，或担任牧师工作有所成就，也许你是那个团队的领导，但你不一定是正式的直接领导。于是对于一些人来说，你只有起间接的影响作用；对于另一些人来说，你的影响取决于别人；对于剩下的那部分人来说，你没有机会去影响他们，只需要接受。了解这一点可以节约许多时间和精力。你的职位越高，理论上说分级控制的权力就越大，但事实上你只能通过别人间接地施加影响。

因此，如何影响他人还需要考虑自己的影响程度。对于你直接管理的员工，或有直接影响的人，可以坚定主见，发号施令；对于那些只能间接影响的人，最好还是含蓄点，不要太直接。

## 选择影响方式

但是还要考虑另外一件事，就是影响他人用不同的方式。选择正确的方式既取决于不同情况，也取决于你的影响对象。有些情况下最好通过逻辑论证进行简单、认真的思考，因为真相摆在那儿，而你影响的对象又受到逻辑论证的吸引，因此逻辑论证才是应该采用的正确方式。

然而了解你的影响对象也至关重要，因为对有些人来说，逻辑论证可由价值观取代。用逻辑论证去影响那些更加感情用事的人，显然没法影响他们的观点或决定。

也许你也想知道，自己准备就某个问题做出多大的让步谈判。在你的影响对象中，假如你有一些对他们有价值的东西，比如说手头上有一些金融资源或有影响他人的权力，那么对上述问题进行思考就非常有用。这种"你帮帮我，我帮帮你"的方法可以非常有效地影响一些人。当然，可能有些人对此非常反感，他们更加信服能引起他们道德意识的言论。

有些人很容易就让新想法中的热忱、动力和热情所说服。他们从改变中获得乐趣，喜欢即刻行动，并不想把时间耽误在仔仔细细地思考每一个选择上。

因此擅长影响他人的领导会考虑自己的影响范围、讨论问题的语境和影响对象可能会有的反应。可能你在说服别人时，就已经本能地考虑到这些因素。不过花点时间仔细思考该怎样解决特定问题，还是很值得的。

另外，花时间找到帮助自己影响他人的关键人物，也大有帮助。就像和学生打交道的同事一样，通常只有少数几个受到学生的尊敬和敬仰。这也许是因为他们在教工休息室里直言不讳的表现。不管怎样，在某些情况下，让提出这些观点的人靠近你的思考方式，继而助你一臂之力影响他人，也可以有很多好处。当然，通常是说到容易做到难。很多情况下，这么做并不合适也不可取。

因此你要做的事还有很多，但知道何时停手也非常重要。如果别人明显不感兴趣，你却坚持要影响他，这样反倒让他寸步不让。未来某个时候，你的影响力可能因此而减弱。听起来有点儿陈词滥调，但为了打赢战争，实现长期目标，付出的短期代价是值得。

## 管理上司

说到管理上司，大家通常想到的是，个人通过某种方式试图操控他们的老板，甚至说服老板做一些他们本来不做的事情。因此管理上司听起来有些欺诈、卑鄙的意味，但事实并非如此。管理上司保证你和直接领导的关系富有成效，促进学生发展，实现共同目标。只有承担相应的责任，推动工作关系朝着更好的方向发展，才能达成共同目标，实现自己、直接领导和学校之间多赢的结果，这并非一场政治操控。

### 管理上司的好处

如果你擅长管理上司，那么你和你的领导就能在各方面受益：不仅更有可能获得需要的某些资源，还能建立惠及双方的紧密工作关系。因此，处理好和上司的关系与每个人的利益息息相关。但是正如完美的婚礼那样，这需要双方的努力。

特别是对于中层领导来说，与直接领导保持良好的关系，也给你铺平了迈向学校高层团队的路。这不仅为你提供更好的机会，获得当前职位难以获得的经验，同样，它也是确保团队成员受到高层同事关注的好办法。换句话说，管理上司有利于为你、你的团队和整个组织营造积极向上、互利共赢的关系。

## 管理上司的内容

还有很多实用的方法可以用来加强与直接领导的关系。

第一，你要了解他们对你的期望，你有没有说清楚自己对他们的期望。比方说，你的直接领导喜欢通过什么途径接收信息？多久接收一次？他们喜欢收到每天一更新的邮件吗？他们是否更喜欢让你自行处理，除非有必要才联系他们？就你自己的需要而言，你有没有跟他们谈论过你喜欢的做事风格和激发活力的事情？他们知道哪些事情会对你的工作效率产生消极影响吗？在这些情况下，使用简单的心理测试工具会非常有效，比如本书中提供的工具。从一开始就说清楚哪些事情能够激励自己，可以形成更高效的工作关系。作为一名直接领导，或许你要考虑，怎样才能和你管理的人之间开展这些重要的谈话。

第二，遇到问题时，不要只带着问题向领导寻求帮助，而要有解决问题的方案和想法，这样做通常更受欢迎。

第三，如果问题和你有关，或者你和领导之间产生分歧，尽早解决对双方都有好处。可能直接领导没注意到你的担忧或焦虑，但是事情一旦出现，就开诚布公，同时在这些事情演变成更大的问题前解决它们，这对你们关系的长久发展是有好处的。

第四，尽可能每件事都对直接领导保持诚实，这非常重要。如果他们发现你试图有所隐瞒，或者歪曲事实，他们对你的信任会迅速减少。要记住信任不仅仅是个人诚信的测量方式，也是他人对自身能力的看法。所以你应该考虑，怎样让直接领导放心，让他明白你知道自己在做什么，不会辜负他们的期望。当你和领导一起参加会议时，要抓住机会，通过条理清晰的数据和其他信息，展现你周密的计划和个人安排。这样一来，他们会相信你能充分掌控这项工作。

总的来说，当说到建立合作，正如本章开头引用的爱因斯坦的名言，提醒我们绝不能低估以身作则的力量。如果你可以用正确的行动阐释成功的想法，别人就会听从你的指挥。大多数的领导都很惊讶，因为无论他们担任什么职位，注意他们言行的人都特别多。总是跟别人说学生在走廊喧哗时要采取措施，然后轮到自己当领导了，却没这么做，这样是没用的。古话说得好：重要的不是你的言辞而是你的行动。这句话完美地总结了以身作则的重要性。一个人的行为会强有力地增强想活着快速毁灭别人的期望，因此不是在同事间建立信任、激励他们，就是彻底摧毁这一切。

因此，如果希望别人做事，以身作则是非常重要的。那种说一套做一套的行为，很让人心灰意冷，而且很可能导致执行不力。

## 想一想

- 你是否简化信息、认真聆听和仔细观察？
- 你是否为了获得更多认可而和员工一起共建蓝图和战略？
- 思考一下你曾激励员工的战略和机会。你是否充分利用了？

- 你是用什么策略来影响他人的？
- 这些策略适应环境或人群吗？
- 你的信息是否简单？
- 你是否亲身示范优秀行为？
- 你是否有意识地处理你和直接领导的关系？
- 你是否以身作则地展示你对员工的期望？

# 第九章　建立和维持关系

我认为,领导一词曾象征着权力,如今却意味着与人相处。

——甘地

身为领导,必不可少的能力之一就是建立和维持关系。正如彼得·德鲁克所说:"文化把战略当早餐吃了。"虽然在我看来,这里的文化类似于文化和氛围,但问题是,即使你有世界上最好的战略,倘若你和员工关系不佳,也不会达到目标。

## 表示尊重

史蒂芬·柯维在其著作《信任的速度》中,讲述了最好的领导者是如何真诚地对待下属,无论他们地位如何,都一视同仁。考试季,跟背痛的门卫聊聊天和安慰遭受个人损失的副校长同等重要。

学校领导者不怕麻烦花时间,为支持同事而努力;或关心某个家里遇到困难的学生。这些都向全校传递了一条明确的信息:每个人都很重要。每天你很容易陷入自己的问题中,以至于忘记了把这些事做好的重要性。

写张贺卡祝福别人,或筹备一些鲜花也许只花几分钟时间,但是对他人而言却意义重大。这么做不仅仅意味着支持某个人，还向所有人传达：每位同事都不可或缺，他们不仅仅是雇员。一旦这种想法传开，你就会收获忠诚和敬业。同时，它还加强重视员工和学生的意识。大家为自己是学校一员、一分子而感到自豪。

许多小小好意的累积带来的力量是巨大的。领导即使做的是小事，也可以鼓舞士气，建立信任；他们在促进发展上发挥着重要的作用。如果员工感受到了重视与关爱，那么他们也会重视、关心他们工作的地方和上司。

如果你在学生中也树立这样的榜样，他们就会更加信任你，对学校有更多的归属感。这是非常简单的良性循环，领导要时常提醒自己。尤其在压力倍增之时，人们很容易忽略尊重与尊严的重要性。

我合作过的优秀院校中，大多都表明重视员工的价值。例如，有些院校尽管预算紧张，但还是会在员工休息时间，在教员室为他们免费供应茶和咖啡。还有一些院校则为员工和与他们同坐的学生或俱乐部老板提供免费午餐。这些举动具有高度的象征性，是打造势头、营造氛围的强有力方法。在这种文化环境下，人们因为受到重视而自觉自律。

在一所学校里，高层团队努力保证员工都受到重视，但每个人所受到的关注度又不一样。学校认为，高层团队要为每个员工制定个性化方案，重视、培育每个员工，这点至关重要。其中涉及的特殊情况需要得到校长的批准。

同样，该校还重视员工的身心放松。办公室里周一早餐，周五蛋糕、水果、巧克力，源源不断，期末庆典、社会事件、出勤奖励、最佳实践及团队精神奖，面面俱到。校长甚至这样对员工说："如果你们听说其他学校做的事显得更加关心员工，那么请务必告诉我们，我们也会这样做。"

## 展现忠诚

所有的学校和人都会面临挑战和困难,这一点我们早就讨论过。在这种情况下,好的领导会坚信员工能取得成功。这和"无责备"文化有明显的联系。即使员工把时间表弄错了,对学生或家长说了不合适的话,领导不能突然忘记了他们以往的功劳。事实上,领导要做的正好相反。在上述情况中,员工需要知道的是领导支持他们,相信他们;只要他们从错误中汲取教训,继续前进,就仍被信任。

与上述情况相反的是,当一切进行顺利,最好的领导会大大方方地表扬这些做出贡献的人。没有什么比领导揽他人之功更让人灰心丧气的了。同时,这也可能使信任受损。因此公开承认他人的贡献非常重要。

即使员工不在场,好的领导也会为他们说话,即使这样做会感到不自在。放心,这些话会传到员工耳朵里,他们会比以前更感觉受到重视和鼓舞;反过来,这又会为实现学校目标创造动力。

好的领导也会抵制诱惑,不在同事背后嚼舌根。就像刚刚说的,他们尊重每一位员工,有问题会与他们面对面地交谈。

## 信守承诺

对于学校的员工来说,最失望的事情之一,就是高层领导不守承诺。这可能是摧毁信任最快的方式。然而特别是当守信变得非常困难,此时重视承诺,可以在你和员工、学生和家长间,高效地建立信心和信任。

领导经常容易受到诱惑,"逃避"自己的承诺,尤其是那些未经深思熟虑便做出的承诺。

比如,考虑到格外恳求,校长会准许个别员工减少工作时间,而此时其他人则会抱怨不公平,于是校长就想背弃当初的承诺。然而,最明智的做法是,信守当初的承诺,公开向其他同事道歉,保证以后不犯这样的错误。勇于承认错误并且道歉是非常重要的。试图找各种借口,抱怨突变的情况确实很诱人,但是也会导致信任受损。

这个例子也说明了仔细思考再做承诺的重要性。

## 多反思,勤动脑

在下一章,我们将探讨人才培养问题。其中包括认可营造在岗学习环境的重要性。即使学校领导也不例外,他们也要不断学习,树立榜样。

符合上述的方法就是,对工作进行反思,乐于倾听正确的问题,而不强求员工知道解决问题的办法。我培训的许多学校领导都认为它有助于反思。通过预留足够的时间,他人的鼎力相助,他们可以更快更好地思考和解决难题。

了解我们所管理的员工的性格也非常重要,但也不能过分强调这一点。在人员管理上,我们要灵活处理。例如,许多学校的员工天生就遵循规章制度,因此有时很难有更高的格局。他们很容易拘泥于无足轻重的事情,甚至为之压力倍增。

相较之下,那些善于打破常规的员工,处理问题时会更加随心所欲。然而,当他们没能遵循学校的规章制度时,就会阻碍其他同事。因此,学校领导要基于对当事人性格的了解，来应对这两种类型的员工。

总而言之，学校领导不能停止反思或学习，这一点非常重要。它关乎个人进步和职业发展。你花时间去反思，视野就会不断扩大。

## 与主管的关系

学校领导往往因为没有花时间思考、反思、成长，从而降低了战略性思考的能力。我合作过的那些优秀的领导深谙此道，从不觉得反思浪费时间。如果你是一名校长或系统领导，那么花时间与你的主管好好相处，对于反思和采取战略性眼光都大有裨益。从这个意义上说，和系主任搞好关系特别重要。与他们建立公开、诚实和互信的关系，一方面有利于开展良性辩论，共迎挑战，相互认可，让工作事半功倍；另一方面有利于缓解"高处不胜寒"之感。

## 领导的跨校合作

当谈到花时间和空间来进行战略性思考，最佳方案就是跨校合作。你如果有机会见到其他学校的同僚，你不仅会从他们那里学到很多东西，也会从另一个视角反思自己的处境。

好的学校不是一座孤岛，他们认为自己在校内校外都能有所作为。其中包括为本地临时社区提供帮助，还包括为体系内其他学校提供更加广泛的支持。这些学校承认这些额外的工作给本校带来的好处。与之相关的是，作为学校领导，你必须知道自己不可能无所不知，你必须向外界学习，不断进步，不断创新。

与他校领导建立合作关系并不容易，而且相当耗时。有时，学生之间或员工之间存在竞争，引起局部紧张，会让合作难上加难。但是越来越多的证据表明，只要能够互利互惠，那么在这一点上花费时间便是值得的，无论是非正式合作，还是正式合作的一部分，如教学联盟、互信、其他网络合作等。不过进行跨校合作时，也不要陷入其中。

请思考这些关键的问题：

- 伙伴关系的共同目的是什么？驱动力是什么？
- 伙伴关系旨在做些什么？
- 伙伴关系的领导力有何特点？领导力从何而来？
- 伙伴关系的界限是什么？管理又是怎样的？
- 伙伴关系如何才能符合更广阔的环境和其他合作？

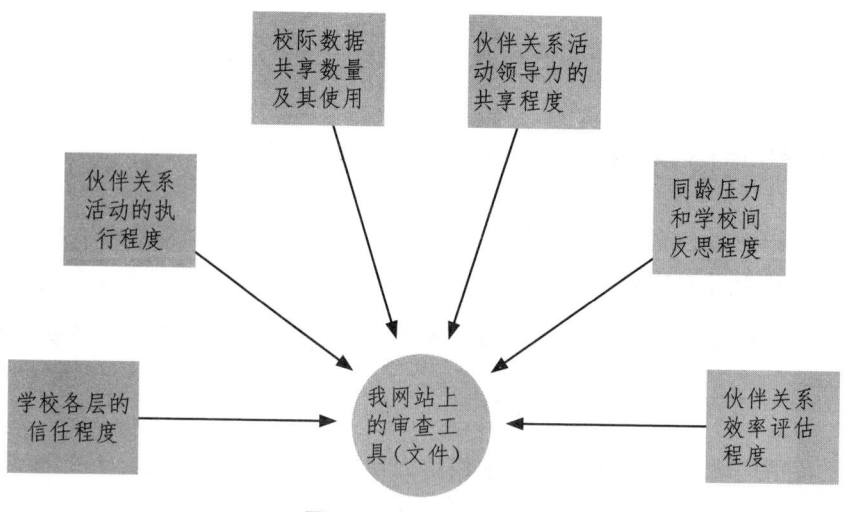

图9.1 审视伙伴关系

关于审视伙伴关系的好坏，无论是正式校际合作还是松散联盟或网络合作所取得的部分成果，大卫·哈格里夫斯（David Hargreaves）的研究工作对此都有帮助。他为校际伙伴关系创造了一种有效的审查工具。图9.1是我对其思想的总结。

## 调解冲突

无论是大范围的伙伴合作，还是在自己的团队里，如果你工作中的重要一环就是建立与维持关系，那么有时你不可避免地要介入并调解冲突。虽然通常冲突会带来消极影响，但是只要处理得当，冲突也能有效地推动发展。

冲突的呈现方式多种多样，团队内外都有。其中资源问题经常引起冲突。例如，两个同事对某课程资金运行持不同意见；或者对某个教师教导下学生没有进步而不满。此外，分工问题也会引起冲突。

团队分工不明确会导致成员争抢职位，尤其是关系到升职和认可的时候。一个经典的例子就是，安排两位员工做同一件事，如召开晨会、制定议事日程或重要的全校倡议，但是两人都想放弃项目的所有权。

## 如何应对冲突

认识到环境是关键因素很重要，花时间思考冲突的类型是重要的一步。冲突是怎么产生的，是资源问题、权力斗争、价值观差异还是个性冲突？或者说，还有其他因素在起作用吗？先解决了这些问题，就可以决定如何解决当下问题了。

思考这些问题时，不要过度揣测他人的动机。为了找到解决问题的最佳方式，和当事人交流，试着准确地理解他们的处境，这通常非常值得去做。

同时，了解自己也很重要。我们有很多方法来应对冲突，但往往没意识到这一点。所以花点时间思考，可以帮助我们解决冲突，但是我们也不要不顾情况，采用同一种方法解决不同的问题。

## 选择正确的策略

基尔曼（Thomas Kilmann）的冲突管理模型，提出5种策略应对冲突。

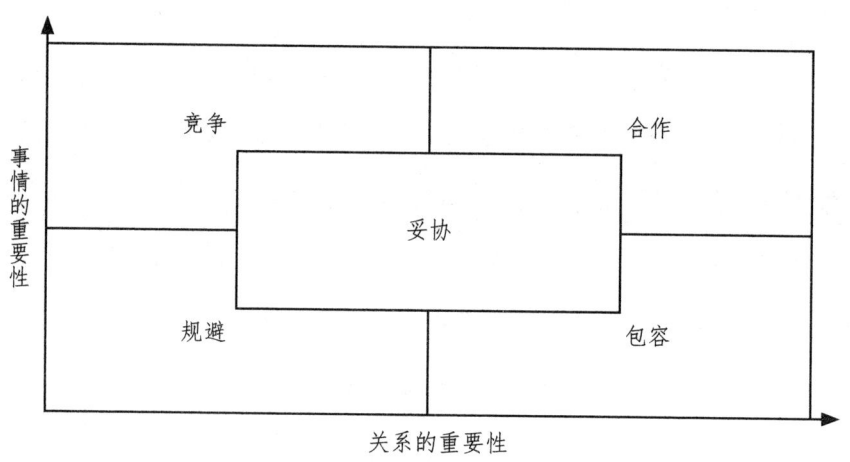

图9.2　处理冲突的5种策略

在每个例子中，应对和需求都有一定程度上的融合，而不是只有个人需求或冲突。图9.2表明了各因素之间的相互影响。

比如说，团队里某个成员因为一些理由，试图挑战你的权威。于是你认为，最合适的处理方法是，一心扑在自己的需求上，而不管他人的看法。这种策略，我们称为强制或竞争。在这种情况下，你会不顾他人的压力，坚定地追求自己的目标。这个方法的优点是，可以快速解决冲突或分歧，不仅在当事人那儿，也在整个团队里树立了权威。但是这个方法的缺点是，其他人会因此更加消极处事，你要为此做好准备。当然，这时候最好进行私下谈话。

与之相应的是，有时退后一步，对争论的问题有所让步会产生更好的效果。尤其是当某个问题对别人更加重要时，这种战术非常有用，它表明你讲道理，倾听分歧，而不是认为自己总是正确的。这种策略，我们称为包容或平和。然而，过度使用这种方式，你的支持者可能会对你的权威失去信心，或认为你不具备决策能力。因此，你必须利用自己的专业判断，决定何时让步才能恰到好处。

但是对于某些冲突来说，如选择教学大纲或课程，设计评估系统等，你非常希望找到一个方案能让所有人都满意，同时也不违背你的核心理念。这种双赢策略，或称合作，有助于互利共赢，满足所有人所考虑的问题。通常它要花很多时间，同时需要所有人高度的信任，以免招致敌意。如果顺利执行，你就因成功的协商而声名鹊起。在员工之中，你建立起互信、尊重和主人公意识。不过，这种方式非常耗费时间，尤其在需要快速地解决问题或迅速反应时，这种方式不太实际，效果也不好。因此，你需要判断是否值得合作。

另一种处理冲突的方式就是直接忽略它，称为规避或退出。如果事情微不足道，非常简单，不值得过多付出，或者眼下有更加紧迫的问题需要处理，采取这种策略就非常合适。有时你希望可以推迟回应，因为处理该事情的时间和地点不合适。那么这种策略就可以在你做决定前为你赢得一点时间。另外，你必须知道团队里支持你的成员可能将你的回避视为懦弱。所以，在采取退出策略时，需要技巧与经验以避免产生消极影响。

处理冲突的第五种策略，在上述4种策略中都有所提及，它就是妥协。妥协策略在特定的冲突中，寻求所有人或双方都能接受的解决方案。所以，你要根据自己的特定情况，决定何时妥协。它往往是同员工建立互信的第一步，有利于快速解决问题。

如果你刚刚上任，那么这些策略中，有的会更加方便、吸引人。避免问题的出现或平和地处理问题，更容易减少阻力。但是俗话说，"一分耕耘，一分收获"，有时你也需要有勇气去做正确的事情。

## 不要忘记娱乐

学校里的压力经常会很大，因为每年外界的期望都会上涨，员工与学生为了达到目标而长时间工作和学习。在这样的情况下，人们很容易忘记开心的重要性。在困难之中看到事情有趣的一面，或开一些无伤大雅的玩笑，或学会一笑置之，都非常重要。

对学校领导而言，可以从两个方面实行这条准则。第一，将其贯穿于日常交往中。显而易见，有些领导更加擅长做这样的事。开个玩笑或者发表诙谐的言论对于各级优秀的领导来说，就是核心工作。但是这不意味着，让那些人做他们本来不会做的事。时常记得保持微笑，有利于鼓舞士气，让工作场所更加有趣。必须是发自内心的，你要忠于自己，同时也要偶尔享受乐趣。

第二，学校需要为员工制定方案，营造相对放松的环境，让他们可以进行交往，玩得开心。这也是让你的员工感受到被重视与尊重的机会，同时建立关系，让大家一起开心。当然，这些可由中层领导在团队中组织，也可由高层领导在全校活动中组织。

为一些特殊的场合分配资源，会有巨大的回报。可以建立信任、提供动力、创造幸福感，这些都是学校培育人才的条件。

## 以小见大

多年来，我和成千上万的学校领导合作过，这些经验告诉我：我们往往忽视了每天的个人行为和组织能力带来的影响。例如，对于员工而言，没有什么比领导的这些行为更让人失望的了：

- 收到信件或邮件后未在当天或两天内回复；
- 因为在处理更为重要的事，上课或会议时迟到；
- 面对特定问题或事件，却不让同事知晓；
- 忘记之前答应要做的事，甚至做出截然相反的决定；
- 事后寻求反馈，但是没有改进，甚至在下次组织事情时认可反馈；
- 没能在员工期望的期限前完成任务；
- 因为未能事先有效地计划，所以不能临时做出决定。

领导欠缺组织能力，不仅会对其管辖领域产生负面影响，也会对领导能力产生大范围的影响。他们鼓舞与激励员工的能力降低，在同事中没有可信度，团队士气大跌。员工开始不再抱有幻想：为什么自己这么努力，而直接领导却一点都不重视。当然，大多时候，事实并非如此。学校领导确实重视员工，只不过组织能力太差，传递出了不明确的信息，这正说明了领导方式有待改变。

只要出现错误，优秀的领导便会承认，他们承担传达不力的责任，并讲未来要做的不同的事。这种公开有利于建立信任和透明度。

## 想一想

- 你是否尊重每一位同事，无论他们的地位如何？
- 你是否忠于同事，即使有时很难这样做？
- 你是否总是信守承诺？
- 你是否拥有良好的组织能力？对他人而言，组织能力的强弱远比你想象的要重要。
- 你是否能够与其他学校的领导友好相处？
- 你是否能够有效地处理冲突？
- 你是否有时间休闲娱乐？

# 第十章　创建团队

我想讲个关于大雁的故事，它们从加拿大飞到法国，全程5 000英里，按V形阵列飞行。排在第二位的大雁不用想着怎么飞，因为它是飞在第一位的大雁的候补。之后排第一和第二的大雁互换位置——这就是团队合作。

——亚历克斯·弗格森（Alex Ferguson）

无论什么级别的学校领导，你都可能会与各种各样的人合作。有些人可能经验丰富，非常自信，很少需要你的帮助和指导。总的来说，这些人可以给团队做出很大的贡献。为优秀员工创造最好的结果是非常重要的，特别是当你需要将焦点放在那些经验较少，缺乏自信，并且需要你帮助和指导的员工那里时。

有些员工可能非常清楚自己的长处和短处，但是另一些员工可能缺乏自知，他们无法很好地看待他人眼中的自己。一些团队成员可能面临来自家庭或生活其他方面的很大的外部压力。

有些人可能雄心勃勃，其他人可能很满足现有的角色，对其职业的下一步并没有规划。

因此，一切都很清楚明朗。你的角色就是去帮助那些处于迥然不同团体的员工组成一个高效的团队，共同投身于一个共同的愿景，使得每个人都做出最优秀的成绩。以下总结了一些你可以帮忙的事。

营造开放和信任的氛围。如果你想要了解究竟什么可以让团队成员找到状态，答案就是要让人感到舒适，团队成员能够做到互相分享。但是，如果说有一件事是你需要注意的，那就是找时间和团队里的成员做一对一的沟通。对于一些中层领导，尤其是做教导工作或与特定的部门有联系的，如在读写能力和计算能力上做出协调，会发现仅仅是找时间进行简短的一对一沟通有时候都会比在主要部门工作要困难。如果你是一个高层领导，事情会容易一些。不管如何，都要真正尝试找个时间，不管是正式的还是私下的，去了解团队的成员，更好地了解他们的长处和短处。

当然，更为正式的评估和业绩管理过程是整个过程中重要的一环，在我看来，定期发展性的对话是推动进步和业绩提升的真正核心。花时间思考这些对话如何在实际工作中产生效果，就是这个过程中重要的一环。下面描述了一对一谈话中的一些特点。

- 一开始同意或与他人签订合约，约定一对一谈话如何运作；
- 提前规划好一对一谈话，避免取消；
- 随着下放越来越多的权力，鼓励团队成员形成自己的议程（可以为他们提供议程模板），再加上自己的内容，决定是在会前还是会上解决议程；
- 避免为他们更新信息，更新信息可以有很多种方法，试着在会议上讨论应该讨论的东西；
- 问问题而不是给建议，促进一对一谈话发展；
- 偶尔向别人请求帮助，体现你重视他们的观点或帮助；
- 确保一对一会谈具有私人性质，向他们咨询该怎么做；
- 试着让他们离开后感觉自己受到重视，并感到积极自信；

- 时不时咨询他们对你表现的反馈。

你可能会发现，在团队里使用性格测试工具很有用，正如本书中提到的那些性格测试工具，可以帮助你理解团队成员的性格。这不仅可以帮助你更好地了解你的团队成员，也让你的团队成员更加了解你。

## 利用会谈机会

本章的一大部分将探讨高效会谈的特征。你与同事相处的时间其实很宝贵，并且相当有限。但是，它却有可能帮助团队的工作变得高效，又或者处理不好的话产生反效果。在想到会谈的时候，要提醒自己在会谈之前或之后发生的事情有时候可以和真正会谈时发生的事情一样重要。

### 会谈前

确保你对议程设定已经有清晰的了解，将各事项按轻重缓急排序，并且明确谁来领导各个项目。你需要记住，领导各个项目并非你的工作。越多人牵头，你们的工作就越能成为一个团队而不只是一群分散的个体在听指挥。你需要确保每个议程内的项目有清晰的时间分配，要事先明确每个项目要达到的效果是什么：是获得信息以供讨论，还是做出决策？确保在会谈之前员工有足够的时间阅读材料，这样一来才能合理要求全部的会谈参与者在会谈之前已经阅读了材料。试着预测哪一部分的讨论可能需要谨慎处理，想一下是否任何的事前讨论都合理。

## 会谈中

在会谈开始时，有时主席做一下议程审议，并在会议时间不充足时，重新做事项轻重缓急的排序是很有帮助的。这样做，他们需要保证考虑到的是重要的议题，而不是那些看似紧迫的问题。

你应该确保自己已经核准谁将记录会议的各项举措以及谁将留意时间。有时候这件事由主持会议之外的人来做是合理的。不管是谁主持会议，都应该试着营造所有人都可以参与其中的氛围。有时候这意味着邀请成员，尤其是不太自信或者比较害羞的成员，以一种不会造成不必要的尴尬或者怨愤的方式来参与其中。

但是黄金法则是确保所有的会谈都按时结束。这就要求所有团队成员都不要离题或者太深入谈细节。通常，这些讨论在会谈以外的团体中会更高效地探讨。当你感到时机已到，可以建议轮换会谈的位子。这是向整个团队成员展示他们将有一个重要的角色要扮演，并且有机会发展新的技能的方式。

在会议的结尾，如果可以有所帮助，尝试花点时间回顾关键举措。在合适的地方，你应该约定好下一次会谈的时间，确保在结束时，不论之前的讨论有多艰难，感谢所有与会者并以正能量收尾。下面展示一些高校会谈的要点：

- 清楚这个会谈的类型——开会的目的是什么；
- 确保环境合适，提供点心；
- 不要为了开会而开会；
- 确保与会人员选择得当，进行组内分组；
- 确保有足够的注意事项和准备工作；

- 有明确的议程，分清主次，切合实际，时控合理，把控得当；
- 核准要讨论的会谈协议并坚持执行；
- 通常，最好不要展示所有的事——分发预读材料（合适时机）并且估计大家都阅读了；
- 详细记录一致同意的举措；
- 主席要鼓励大家参与其中、专注、守时；
- 移动技术协议条款清晰，按其行事；
- 时机适当时，主席和笔录者进行角色互换；
- 会议结束时阐明结果，感谢每个人；
- 及时分享会议记录，包括各项举措、负责人和时间轴；使用会前和会后讨论的形式"做润滑"；
- 与会者应该倾听并尊重他人的观点，坦率诚恳，提出有建设性的意见，保密并履行顾问责任。

## 会谈后

强调立即核准和传阅会议记录的重要性。当进行特别敏感的讨论时，思考和员工进行简短的会后讨论是否适合。不定期地向各团队的人员寻求反馈。你可以做些什么来改进会谈呢？

## 会议协议

为了进一步推进实施这些观点，需要制定会议协议，这个策略在很多学校都实施了，该协议规定会议怎样实施，并对会议教学法的实施方案做出了规定。下面给出了实践的例子。

## 会谈前

- 建立机制来核准2~3项优先事项；
- 发布短篇幅的文件进行概括：谁是这个事项的负责人；为什么这很重要；该负责人想要什么帮助，如关于反思或者会议中将做出的决议的建议；相关的预读背景。

## 会议中

- 由该事项负责人做简短介绍；
- 每个人按顺序提供帮助；
- 再次讨论；
- 最后一次参与的机会；
- 负责人总结他们有什么收获，做出了什么决定。

## 会谈方式

对所有领导，尤其是那些处于高层或身居系统中的领导来说，挑战之一就是花时间进行战略讨论。兰西奥尼在其《优势》中提倡3种类型的会谈。下面内容反映了学校如何根据自身处境调整方法。

## 站　立

- 每天（不超过15分钟）；

- 每个人轮流；
- 60秒运营情况报告加上需要讨论的事项；
- 核准在会谈中小讨论的议程；
- 把控时间（只是简短讨论重要议题）。

### 围　坐

- 每周或每两周一次（不超过两个小时）；
- 就与计划相关的所需达成的目的或结果做出明确结论；
- 把控时间和会谈；
- 明确会议的流程，确保获得的效率最大。

### 回　想

- 每学期（3~6小时，最好在校外）；
- 用和每周会谈基本同样的方式；
- 仅制定目标，回顾策略。

## 合作方式

通常，为促进团队成员高效工作，可以为团队的小组创造机会，让组员共同处理某个特定项目。例如，2~3个组员组成的小组，合作课程安排或制定具体的全校倡议。这是一种在团队中建立友谊的有力方式，有利于团队成员人尽其才。

为了促成工作，首先要考虑哪些人可以在哪些领域合作良好。最糟糕的是,在制定合作方案初期,你就安排两个人一起工作,而不确定他们是否能很好地合作。同理,如果你将任务分配给团队中的小组去做,而他们并不相信自己有执行任务所具备的技术和经验,就会削弱而不是加强团队的合作精神。

## 团队合作

现在有很多关于如何建立高效团队的文章。我们都知道这个过程不会一蹴而就,大多数团队在此之前都经历了很多。描述团队发展最有名的模型是由布鲁斯·塔克曼(Bruce Tuckman)创建的,他总结了团队发展的4个阶段:形成期、风暴期、常态期和执行期。他的分析中的简单逻辑在学校中绝对会引起共鸣。我们可能都想到一个在风暴期没能超越内部政治斗争,大家为争夺职位互斗的团队。值得注意的是,塔克曼认为直到他的模型的最后阶段,信任才会出现。他认为建立信任需要时间,这是团队花时间建立关系的结果。

但是帕特里克·莱科宁开发的一个更新的模型表明,对于团队来说,信任实际上需要在一开始就存在。他认为,如果没有信任,团队成员就不能公正无私地辩论和争论,这会导致肤浅的讨论和质疑,最终导致糟糕的决策。和塔克曼的理论一样,这也是一个非常令人信服的分析。

## 学校的团队模式

那么谁是对的?在某种意义上,他们都对。如果我们将两者结合起来，就有了一个模型，从团队的组建开始，进而展示团队如何使用已经建立的信任来开展有力的辩论和创造团队间的认同感，依靠其实现团队的目标以及建立实现计划所需的日程。换句话说，信任是过程的一部分，而不是在起点或终点，见图10.1。

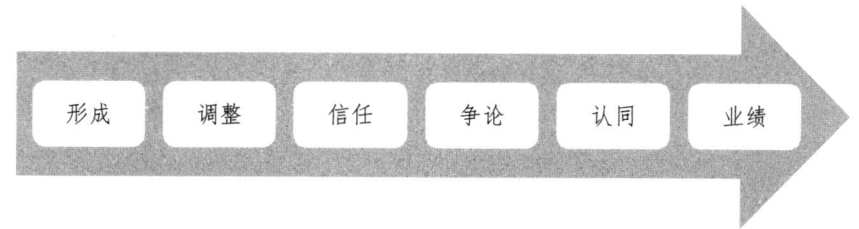

图10.1　团队发展的模式

## 形　成

- 初期；
- 互相了解；
- 对事情提出正确看法；
- 不捣乱；
- 良好但流于表面的关系。

## 调　整

- 维护个人观点；
- 竞争职位；
- 对动机的诸多揣测；
- 普遍的误解和失落；
- 难以管理。

## 信　任

- 团队成员间的信任感在慢慢形成；
- 他们能舒适地表达自己的担忧、害怕和弱点；
- 他们互相坦诚；
- 有价值感，在团队中得到帮助和尊重。

## 争　论

- 团队成员相互信任，对决策和问题的不同意见与争论不会上升到个人层面；
- 关注做正确的事情，发现真理，而不是赢得争论。

## 认　同

在做出关键决定时，即使初期存在分歧，所有团队成员也都会有强烈的认同感和责任心，因为所有的想法和观点都已经得到了适当的考虑。

## 业　绩

- 团队成员，不仅是领导者，要坚决让他人对自己的行为负责，遵守决策和规则；
- 对整个团队的目标有一种共同的归属感；
- 团队作为一个单位，有很棒的表现。

建立机制有助于团队思考如何在一起工作。在学校的日常领导压力下，团队有时候很难找到时间来审视战略目标，这是可以原谅的。投入宝贵的时间反思团队实际运作情况，则更为困难。然而，如果亨利·福特（Henry Ford）是正确的话，这样做则至关重要。为了有效地推进业务，高级团队要发挥团队中每个人的优势和才能，并且努力挑战和提升自己。

就像福特车一样，所有关键部件都要定期检查。福特的滤油器和刹车片需要不断更新。高级团队也是这样。他们可以从简单的诊断检查中受益，就像汽车一样，可以经常更新基础零件从而保证平稳行驶。团队发展模式是诊断团队工作情况的有效方式。但是，花时间分析，改进工作方式，并且在工作环境中为团队关系充电也很重要。

## 委 派

任何校长的工作都没法全部做完。你的待办事项列表似乎不断变长。压力和期望的大小似乎并没有变小。当然，压力的另一个来源就是，你以高标准要求自己，并让学生取得最好的成绩。

缓解这些压力不容易。然而，有效地委派任务不仅有助于缓解遇到的一些压力，还可以给团队成员提供支持发展或采取下一步行动的措施。做得好的时候，委派会是一个良性循环，各方都会有参与感、信任感以及工作与生活的优良平衡。

### 委派工作

委派工作并不容易。例如，为了让团队中的其他人负责编写一个特定的工作计划，或是指导编写全学校的出勤计划。一方面，你总是会觉得自己做这项工作可能会比你正在考虑委托的人做得更快更好！另一方面，如果不能有效地委派你的团队成员，可能会让员工感到肩头的责任太少；如果给了足够多的任务，可是你不能抵制微观管理的诱惑，就会使他们感到自己被低估，不被信任。

还有另一个问题要仔细考虑。领导经常委派任务的话，别人可能觉得领导放弃了自己的责任，派发工作只是为了减轻自己的工作负担。所以，委派任务时，要确保他人没有觉得你不负责，而是感觉到被授予权力，获得了信任。

### 如何高效地委派任务

首先，要考虑你委派了什么任务以及委派的原因。你是为了摆脱自己不喜欢的工作还是为了培养其他人？

其次，要成为一名好的委派人，你需要放手，不能继续控制一切。对于那些不利于你充分发挥潜能的任务，应该将它们交给其他人，因为你需要做的事情太多。图10.2的合益集团的模式显示了委派成功的3个要素。

当这3个要素到位时，人们可能成为最有效的领导者，并承担责任：

- 他们有需要的能力，包括技能和资源；
- 他们有权威采取行动，成为该领域公认的决策者；
- 他们在实施行动时很有责任心。

但是，3个要素中只有两个是不够的：

- 没有能力的责任心和权威使领导孤立无援，无法达到他们的期望；
- 没有权威的能力和责任心使领导人的力量削弱，不断受到质疑和否决；
- 无责任心的能力和权威意味着领导不承担责任，这对组织是不利的。

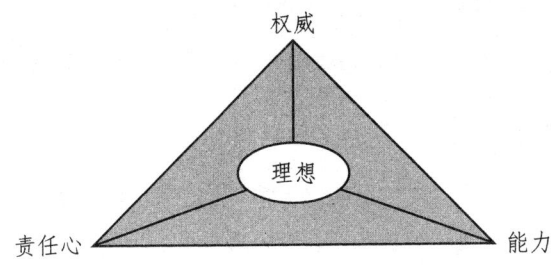

**图10.2　委派成功的3个要素**

通常制订委派计划非常有用,有些人觉得营造一个囊括所有成员的环境很有帮助。对于整个团队来说,最主要的就是实现目标,让团队成员获得的技能和经验。通过这种透明的方法,你将告诉整个团队,你致力于实现公平和平均责任分配,并确保每个人都有机会接受新的挑战和提升专业水平。

良好的委派过程也非常重要。首先要清楚哪个特定的任务适合做委派,并且可以委派给谁。如果委派实际上需要你处理的任务,或者委派的任务超出受托人的能力,效果将会大打折扣。不管哪种情况,这对团队成员都是不公平的,从长远来看可能会导致你做更多的工作。

与此相关,你要清楚委派的任务是什么,哪些在委派范围内,哪些不在。人们喜欢清楚地了解他人对自己的期望,这样他们可以把工作做好,不让人失望。

把委派和绩效发展联系起来也非常有用。如果在团队讨论中,你可以找到每个成员独特的发展领域,委派任务就变得积极正面,有助于发展寻求提升的技能和经验。正如之前关于任命的章节所说的一样,在激励和影响别人的时候,真正重要的是让自己处于对方的位置,了解他们的内部动机和个人驱动力。如果在委派时,可以将需要完成的任务与正在寻求的发展相匹配，就能创造双赢的经典局面。这就是为什么当你在起草委任计划时，全面地考察委任的情况以及考虑到团队的需求具有重要作用。以这种方式操作，你可以给整个团队创造最佳体验。

与提升团队绩效相关联的是，确保你们一起花时间来找到特定的培训需求。例如，如果要求一个团队在全校数据处理上起带头作用，数据使用或校内软件系统使用的培训就很有用。

你也可以考虑为团队成员提供辅导或指导支持。实现这一点后，面临新挑战时，非直接管理人员提供的支持和指导，有助于他们迎接新的挑战。

## 委派机制

在委派任务时，如何灵活委派也很重要。在这种情况下，使用委派机制确定委派的准确程度是非常有帮助的。例如，当你做出决定时，受托人需要你的授权，征求你的建议然后做决定或只在事件之后告诉你他们做了什么。

有一个非常简单的机制描述了9个明确的委派级别，其中第一级代表没有任何委派，而第九级代表权力完全下放。

- 研究该问题，给我全部的信息，我会决定该做什么；
- 让我知道现有的选择，每个选择的正反两面，我会决定该选择哪一个；
- 让我知道你选择的标准，在评估了风险之后，找到了哪些选项以及哪一个是最佳选择，我会做出选择；
- 推荐一个行动方案以供我做决定；
- 让我知道你想要做什么，推迟行动，直到我准许；
- 让我知道你想要做什么，做这件事，除非我不允许；
- 采取行动，让我知道你做了什么，结果怎样；

- 采取行动，只有当行动不成功时再和我联络；

- 采取行动，不需要做进一步的交流。

当你和同事希望在这个连续体中运作，这个机制就非常有用，有利于和团队成员达成一致。当然，随着其进一步发展，团队成员信任程度就越高，他们对自己完成委派任务或角色的信心也就越高。

作为同意委派任务或角色的一部分，时间表和截止期限内的协议非常重要。你还需就怎么了解项目进展情况达成一致。一旦如此，团队成员简要介绍他们心中的委派行为，如何做决定以及何时汇报就很有帮助。这个方法非常有用，既能给他们把控任务的权力，也能检查他们是否就已经达成一致的东西产生共识。

最后，真正重要的是要让人们知道他们在做什么，是否会实现目标。如果有问题，你应该尽量避免陷入责备模式。相反，要确定出了什么问题，尝试一起了解这一切是如何发生的，理想情况为在辅导对话中，帮助团队成员确定需要做的工作。这样，团队成员依旧感到被信任，同时可以从经验中学习并改善工作。作为团队领导，你有责任承担失败的后果。

- 委派任务时，确保对方有能力和实力（如果需要的话，再提供一些支持）完成任务，取得成功；

- 确保要求、截止时间和标准都清楚明了，通常，人们不可能知道你脑海里的所有细节；

- 有耐心，提醒自己在开始时你委派的人不太可能像你一样好地或者迅速地完成任务；

- 不要想当然地以为员工多么希望你关注这个任务，要进行沟通，避免让他们认为你不是在进行微观管理就是宏观管理，认为你有所失职，和他们的参与频率和时间保持一致；

• 不要低估员工的热情和他们能达到的高度，通常情况下，被别人咨询是件很开心的事，尤其是当你帮助他们提升能力或者发掘他们的潜力时；

• 确保你委派的人员有权威和资源去做好工作，不要只是委派枯燥的工作或者是那些你不愿去做的工作；

• 确保你事先计划好，并给员工足够的时间，而不是在自己时间紧迫的时候才委派工作；

• 确保你不委派高危或者重要的工作，除非你确信他们能够完成，让人在重压之下工作是不公平的；

• 委派任务时，思考一下谁可以提供帮助或这个工作会和其他什么工作有关联，也许将其委派给一个团队比委派给个人更好；

• 确保在工作完成时说声感谢。

取得成功时，不要忘记适当地赞扬负责人的重要性。不管你怎样做，真正重要的是你要将功劳给予他人，而不是让别人认为只有你是负责人。

## 想一想

• 如何完善团队会议？

• 如何完善合作和团队工作？

• 制定机制评估团队工作效率是否有用？

• 哪些方法可以更有效地帮你委派工作？

• 不同的委派机制是否可以促进委派工作？

# 第十一章 推动传达

不管策略有多漂亮,你都应该时常看看结果。

——丘吉尔

当涉及领导需要承担责任的关键行动时,我们关注的都是战略、战线、组建关系和创造出优秀的团队。显然,所有这些都很重要,但是你作为领导,如果做不成任何事,那么就达不到目标。

以我的经验来看,学校领导们都非常擅长做事。问题在于,我们倾向于承担太多的责任,实际上并没有花足够的时间在战略制定和让他人实现目标上。但是,与数百名学校领导合作后,我确实认为有一些可以专注的关键事情。这其中很多来自我们在伦敦G2G的工作。我们认为这件事对领导非常重要:重视高素质员工的招聘,留住影响最大的人,解雇那些没有做出成绩的人。

吉姆·柯林斯在他的《从优秀到卓越》一书中,用公共汽车做类比来阐述这一点。在这种情况下,一个成功的机构要做的最重要的事情之一就是让对的人上车,让错的人下车,每个人各居其位,确保驾驶员知道车往哪里开。当然,这个特别的分析最初是以商界的研究为基础,有些人认为在学校背景下应用这些原则是不现实的,特别是他们认为相比之下更困难的是处理员工的低迷表现。然而，这正是卓越的学校所做的事情。

## 招 聘

人们都很关心和关注学校的招聘过程。广告很吸引人，面试也深入和专业，而且如果没有合适的人选，学校也不怕做出暂不招聘的决定。学校越成功，越容易如此，而且标准会越高。顶级的学校及其理事机构越来越多地使用专业招聘服务，特别是在高级别职位的任命上。

正如蒂姆·布里格豪斯和大卫·伍兹（David Woods）在《现在是什么造就了一个好学校》（*What Makes a Good School Now*）中不无教益地指出，无论招聘多么紧迫，做出挑剔的招聘都非常重要。他们提醒我们，要是匆忙地或是不完全确定之下招聘的人员，必然会在闲暇时后悔。

同样地，如果一个特定的招聘中同一职位下产生了两个突出人选，你可能需要承担超额招聘的风险。显而易见，财务上的限制意味着这并非在所有情况下领导都会这么做，但有证据显示，在核心项目方面这样做会产生红利。我曾经工作过的一所小学曾要任命一名助理校长，当时被列入最终名单的候选人都很优秀，尽管对预算有短期的负担，但是学校最终把3个人都招了进去。因此，学校有了3名优秀的班级教师和高效率的高层领导。在他们的共同努力下，学校变得出类拔萃。

当只有一个固定职位的情况下，有一所学校一下任命了3名非常称职的体育教师。他们个人的技能优秀，态度也很认真，很快适应了工作，在其他人员不擅长的工作上做得非常成功。学校在适当的时机帮助那些人找到了其专业领域的工作。

回到什么形成了决断力的问题上来，任用的工作人员需要认同你的学校或团队的核心价值观。招聘过程中需要评估该人员是否清楚工作的愿景，分享同样的工作价值观，并对工作具有真正的热情。我们得知一所学校要求潜在的候选人网上阅读学校的教学概要，然后根据该文件在面试时进行询问。这样做不仅可以测试他们对优秀教学的理解，而且还可以说明他们的工作主动性、组织能力以及看出他们有多想要这份工作。

如果想要更多地委派工作，需要找到能够在没有严格管理的情况下工作的人。他们可能需要引导，而不是持续监督。如果花太多时间来激励和监督同事，就会迅速降低双方工作效率。合适的人在很大程度上是自我激励和自律的，他们会强制自己去尽自己所能。

效率高的同事也将展示出一种真正成熟的团队合作方式。例如，当事情进展顺利的时候，他们会找到那些为此做出贡献的人。当有问题时，他们会去承担责任，而不是责怪他人。

最好的学校也需要时间来考虑在团队中需要什么平衡。一个我曾经工作过的很棒的学校在任命工作人员时使用了优势识别器系统。除了将观看教师讲课作为招聘过程的一部分外，他们还要求候选者做一份优势识别器问卷调查，以更好地了解他们的个人能力以及如何填补特定团队的需求。然后，利用这些知识来确保工作人员得到可以发挥其优势的角色。这种方法也在学校讨论其工作的长处或不足之处时有了一个参照标准。

## 留下优秀员工

要想留下优秀员工，重要的是确保员工的成就得到承认，工作环境良好，可以看到职业发展前景，学校拥有让其有上升空间的足够灵活的员工结构。普遍情况下，除了一一满足所有以上要求，创造积极正面和活力十足的学校精神面貌，别无他选。人们喜欢在一个让他们感觉很好的地方工作。

事实上，学校往往有更稳定的工作人员。这违背了一个普遍观点：要有良好的员工流动，才能引进新的经验，为职业发展提供机会。

正如彼得·马修斯在他的《十二所优秀中学》中指出的，如果教师是优秀的，那么校长将通过在本学校给他们新的挑战、责任和经验来留住他们。

这种较低的员工流失意味着学校更容易遵循程序和规章制度，这也有助于培养员工和学生之间的牢固关系，推动之前提到的强有力的团队合作方式，将深层次的文化根植于学校。

一个我认识的校长认为，学校的员工流动率低是源于内部的职业发展很充分，为员工提供短期职责的机会很多。学校为员工开发了自己基于网络的"我和我的职业生涯"的模式，给出了教师职业生涯中的每个阶段的活动和培训的内容。员工可以按照自己的节奏完成各项活动，为升职做准备。

## 员工培养

对于非常成功的组织来说，无论是学校还是企业，有一个显而易见的事实是，它们共同致力于使机构内的所有成员都能够提升专业水平，从而不断地提高教学水平。

然而，当我们听完伦敦一些最成功的学校的故事时发现，这个过程很明显不仅仅是一个与绩效管理和个人目标设定相关的不断提升员工专业水平的机械系统。这些学校在做有意识的自我改进，由所有成员真实的、自主的愿望驱动，使情况变得更好。

吉姆·柯林斯找到了所有组织的重要相似之处：有纪律的员工队伍。这并不意味着要有强大的指挥和控制机制从中运作。恰恰相反，工作人员高度重视实现组织的目标，并且在努力实现目标方面非常自主。

最成功的学校也是如此。工作人员坚定地进行合作，强化和强调一个共同的期望和流程。这种自律并不是担心不遵守规则，而是出于对那些让每所学校取得成功的原则强烈认同和理解。

这个概念或许可以通过参考许多中学面临的日常挑战来说明，即如何管理走廊里学生的行为。在一个层面上，答案似乎很简单：所有员工的责任在于，遇到不可接受的行为时，站在其对立面，并让学生以正确的行为为榜样。当然现实是，在很多学校，并不是所有员工都会做出合理的回应。在最好的学校里，对秉持规章和达到期许的强烈共识非常强烈，无论哪位员工遇到了走廊里奔跑的学生，几乎可以肯定地说，这件事情都会得到恰当处理。

这种一以贯之的方式不能通过监督或检查获得，它也通常不是绩效评估目标的主题。它源于一种自豪感和一种关切，这是一个致力和投身于真正相同目标的合作团队的一部分。

这种自豪感需要时间来形成，也是学校领导人在相当长一段时间内努力工作和坚持的结果。

## 工作场合中的学习

在最广泛的意义上考虑职业发展的时候，很明显的一点是，在工作场所学习是学校最有效的改进形式。当然，我们最好的学习方式是犯错误。因此，最好的学校会将鼓励风险承担和创新作为日常文化的一部分。学校的工作人员不断尝试新的想法，试验做事情的新方法，这自然会让他们反思自己的成功实践，从而改善教学。

当然这只能发生在把错误看作是过程的一部分学校，而不是把责任归咎于某个人的学校。很明显的一点就是，许多学校在学期总结会议上提到的最成功的实践，都是在首次尝试时并未成形的新想法和创造。在达到其想要的效果之前，它们经常需要进行几次改变。彼得·马修斯在他的书中说，最好的学校不仅有系统的和经过精细调整的规划绩效管理和专业发展制度，还有通过定期训练、指导和自我评估，在学校的各个机构分享最佳实践的文化。

放弃闲暇时间来反思绩效，与具有优秀培训能力的人谈谈所面临的挑战，可以产生真正的改变。从更广的背景来看，丹尼尔·戈尔曼强烈支持这种做法，他了解职业培训的短期效果，倡导持续的、基于工作场所反思和以自我为导向的学习方法，认为这会产生更长期影响。在这种情况下，员工不再是因为传统的绩效管理流程而学习，而是实践自己的学习计划。这并不是要低估这种系统发挥的关键作用，只是最棒的机构和学校正向下一个层次推进，即将自律和自我导向的学习作为集体成功的核心。下面来看看，什么是良好的CPD。

- 有效的CPD支持的持续时间和变化规律需要长期关注。至少一年两次甚至更多，并且跟踪回访，巩固支持活动。

- 仔细考虑参与者的需求。这就要远离一刀切的方法，并为教师营造环境，通过共有、强大的目标，结合他们每日的经历，为学生创造条件。

- 职业发展过程、内容、活动保持一致，确保不同方案和为教师学习创造机会之间有内在逻辑，保持一致。

- 有效职业发展的内容需要包括主观知识、主观教学法、学习者清晰的进步，以充分实现CPD的作用。除此以外，内容和活动应该有助于教师理解学生总体上以及在具体科目上如何学习。

- 有效职业发展和具体活动相关。包括课堂清晰的讨论、试验、测试，分析、反思证据和相关的评估数据。

- 供给者和专家的外部输入必须挑战学校传统，提供多种多样的观点。作为辅导员或导师的促进者应该通过以身作则、观察和反馈提供帮助。

- 教师可以一起合作，不断尝试和改进新方法，共同迎接教学和学习挑战。

- 职业发展有力的管理，对定义员工机遇、根植文化变革具有重要意义。学校领导不能把教学扔给教师，也应该积极地参与。

某所学校每周为所有工作人员提供可选培训，课程的参加人数非常多。主持该计划的工作人员采纳了关于课程应该包括哪些内容的建议，认为高出席率反映出提供的课程正是员工感兴趣的。会议并非要提前计划和发布，而是会做出反馈，具体到员工的需求。每周都会公布主题，如建立卓越小组，激发独立性，积极的关系推广等。

除了向员工寻求建议外，高级工作组成员还会在日常学习中找到员工需求以及一些优秀做法，并鼓励员工自行参加每周的培训。这样，所有员工都有机会发挥作用，帮助其他人发展。

## 增量训练

在过去几年中，我越来越相信，支持教师发展和提高教学质量的有力方式是进行定期的增量训练。我首次遇到这种做法是在保罗·班布里克-桑托约（Paul Bambrick-Santoyo）那里。

他的做法是避免一些在考虑如何更好地提高教师水平时会犯的常见错误。这些在下面都列了出来。

### 错误1　反馈越多越好

真相是反馈越少越好。许多领导特别喜欢在课程的方方面面都进行反馈。虽然这有利于展示你的指导才能，但是它并不会有效地改变实践。正如我们可以从辅导员那儿学到方方面面的知识，但是一两个方面的小型反馈会实现更有效的进步。

### 错误2　长篇书面评估也能有效地促进变革

真相是面对面交谈很重要。之所以全国的学校领导都会犯这样的错误，是因为一部分教师的长篇书面评价非常有效，正如对一小部分学习者来说，长篇演讲是最有效的。这样一来就得出了一个危险的结论：所有的教师通过阅读长篇评估而得到发展。但是在其他方面，我们同意这个观点吗？

### 错误3　直接将反馈告诉教师

真相是如果教师不思考，就无法内化所学。就课堂指导来说，高效的教师推动学生思考。如果不重视思考，快速地给出结论或答案，学生就没法参与。反馈也是一样的道理，如果教师不参与教学思考，也无法内化反馈。这种元认知适用于教师的发展，使其思考自己的教学方法，改进教学表现。


### 错误4　提出明确的行动步骤

真相是指导性实践才是关键。如果外科医生告诉实习医生该怎么做手术，后者为了遵照指导，效果会大大降低。教学也是同样的道理，实践领导的反馈是提高教学改良速度的核心，可以让教师在正式教学之前先犯错误。


### 错误5　教师可随时反馈

事实是要为贯彻反馈制定详细的时间表，并满足两大目的：确保每个人都清楚他们要在什么时间完成反馈意见，并揭露哪些行动步骤在一周之内无法完成。

增量训练采用旨在避免这些缺点的方法，典型做法是在课堂内引入一小段内容，紧接着是短暂的训练对话，理想情况下，通过一些策略尝试，找出优势领域和某个要着重改进的领域。期望是教师有机会去练习，并将其作为后续对话的一部分。然后，教师用一个星期投入这个要着重改进的领域进行改进，直到下周在一个短暂的引入中讨论已经取得的进展。正如图11.1的模式所示，开始时提问很开放，让教师们尽可能地自己解决问题。只有在需要的时候才会引入更多的封闭或试探性问题。无论怎样，后续行动都会清楚说明,每一个行动都会有明确的时间安排。

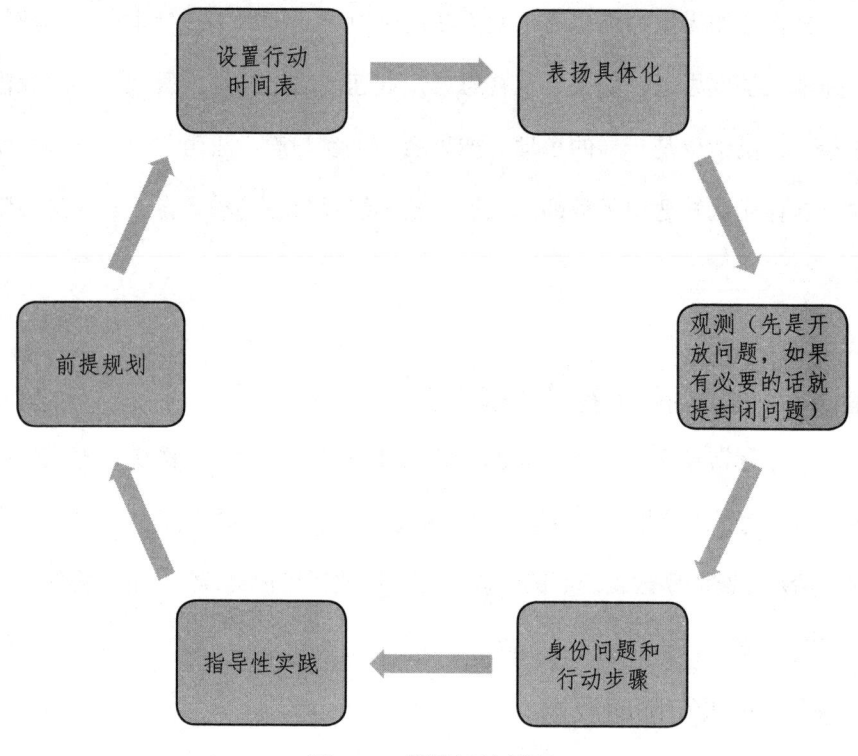

图11.1 增量训练循环

随着时间的推移,这一增量过程使教师能够掌握全面的基础课堂技能和教学法,从而提高课堂输出效果,提升学生的成绩。其核心——增量训练为教师自己提供了改进的自主权。

## 发展领导才能

谈及发展员工,卓越的学校擅长的另一件事就是识别和培养人才。无论你目前正处于什么领导层面,都有机会在一同共事的人中发现未来的中高层领导者。除了在学校可以做领导班子的规划之外,我们都有责任发展全国各地的学校领导力量。卓越的学校设有系统的领导培养计划去完成这个工作。除了提供在理论上学习领导能力的机会，这些项目的关键要素包括让员工有机会接受新的角色和新的体验，进行工作观察，并且得到教练或导师的帮助。我与一系列学校进行了这类合作，帮助他们跨校进行这种活动，带来了一系列令人激动的机会。

但是在这方面我们需要做得更好。我仍然认为，包括我自己在内，并不善于认识我们所固有的无意识偏见，而是倾向于认为如果别人和我们一样，那么那个人就很有潜力。在第五章中谈到的了解和掌握团队的优势，重要的是要记住，不同的领导者会带来不同的优势。不是每个人都应该遵从一种领导者的模式。在我最近工作过的一所学校的高级领导班子中，领头人已经做了几年，几乎整个团队的成员都是他任命的，其中90%的同事具有相同的个性特征。他照着自己的形象任命员工。

我们还尤其需要让女性更容易地就能把作为学校领导人的挑战和压力与家庭生活平衡好。同样，这要求领导和系统内的领头人思考出更有创造性、更不同的方式，让在学校内组织事情的方式更灵活。

## 横向领导

这种主导学习的感觉也被迈克尔·福兰（Michael Fullan）描述为横向领导力的关键。多年来，一直有关于学校如何改进的争论，到底是自上而下还是自下而上的途径可以带来最大的成果。结果很早就显而易见了，自上而下的做法不可行。虽然有明确的证据表明，在很多情况下，自下而上的改进会更成功，但结果时好时坏，学校内部和学校之间的某些工作并不尽如人意。

　　横向领导的概念是基于同一层面学校的互相支持，无论是在单一的学校环境中，还是两个或更多的学校之间的合作。随着越来越多的学校联盟和学院信托对现有网络进行补充，有很多这种合作机会。合作通常基于训练模式，该模式让个人对自己的学习负责。这种方法不仅限于高层或中层领导人，而且适用于任何一所学校的各个层次的员工。

　　有一所我了解的学校一直在努力创造一种鼓励冒险的氛围。通过推特或员工电子邮件，很多课程被拍摄、叙述和分享。如果工作人员非常有创造力，可是担心是否一种方式会取得成功，则会把写着我正在冒险的标语挂在教室门上。训练最高效的教师做大家的指导，学校使用3年学习小组作为新的合格教师发展计划的一部分。这些小组由分别是第一年、第二年、第三年教学的一名教师组成。许多学校组建3人小组，使用课程研究方法来促进专业技能的提高。

　　成功做到自我完善的关键是欣赏式的询问，在横向领导的背景下尤其如此。最好的学校都相信提升感知力和实力比只专注于解决需要解决的问题更好。这种方法认为创建一个可以尝试新想法的环境需要基于学校的奖励改进模式而不是惩罚改进模式。

　　提醒一句，学校在分享优秀的实践之前，必须严格把关。人们很可能会总是重复自己平庸的实践，而不是真正去高效和创新地工作。要做到这一点，需要一种诚实的反馈文化以及个人和学校之间的信任，而我们之前讨论过的采取循证方法是策略的核心。

# 问　责

问责并不总是被认为是一个积极的事情,但从长远来看,它确实使每个人的工作更容易,使学校变得更好。具有明确的问责结构、制度和周期的学校,在各个层面都会有良好的品质保证,铸就辉煌。员工结构必须是公平、为大家所认可、被人理解和一以贯之的,以产生最佳影响。承担责任是一个积极而有益的经历。比如,从一位教师的角度来看,承担责任就是觉得你清楚你的角色和责任,虽然要求很高,挑战很大,但如果你需要支持的时候你就可以得到支持。当达到标准时,你可以及时收到意见和有建设性的、有用的反馈,在实现所有成果时获得被认可感和成就感。

当问责制被不太妥当地使用时,可能会在学校里造成恐惧。如果人们对自己的角色或责任不太清楚,就不会有主导感,很容易依靠别人或者宁愿掩盖错误而不是诚实面对。问责制不断要求组织中每个人做到最好。人们清楚如果自己做得出色的话,工作会是什么面貌。如果不符合标准,领导们会看着那个人的眼睛说这不够好,立刻干预并会强化某种结果。本章稍后将介绍如何处理好这些困难的对话。

系统化你的流程会很有用,你应该尝试具体说明什么将被审核和什么时候审核。你需要指定谁将提供所需的数据或证据,并概述如何衡量其影响的标准。你应该致力于为团队的每个角色提供一个在一个星期、一个月或一年内应该实现的清单。

就考试结果来说,按学生表现来考察绩效对于问责至关重要。如果做好了这一点,你该如何衡量中期进展?你将怎么检查措施来保证自己会达到目标,如果不得已时又该在何时采取干预行动?日程和检查清单应和清楚说明的完成标准一同分享，与打分方案相似。这种衡量成功的方式透明且人人共享。在全校层面，应该形成这种节奏。

问责制中最让人不舒服的部分是进行艰难对话。没有人喜欢做这件事。然而，有一系列方式来传递一个棘手的信息。最糟糕的结果就是双输，你觉得很糟糕，接受者感到崩溃。最好的结果是双赢，你觉得已经以最恰当的方式传达了信息，接受者清楚了下一步的行动，感觉好像得到了公平对待。

为了实现双赢，你需要考虑清楚想说的内容和需要传递的信息。多加练习，让表达更加清晰、言简意赅。最糟糕的情况是，你以为你温和地说了出来，他们完全没抓住要点。

推迟进行那些让你恐惧的对话通常只会让情况更糟。但是，一旦你做了几次，事情会变得更容易。如果你要进行困难的对话，苏珊·斯科特（Susan Scott）在这方面很有经验，建议在对话开始的时候，按顺序介绍以下内容：

- 说出问题；
- 描述一个具体的例子；
- 描述你对这个问题的看法；
- 说明什么会有风险，为什么这是重要的；
- 接受你对这个问题所做的贡献；
- 表明你解决问题的意愿；
- 邀请他们回应。

在这个过程中至关重要的是确保一旦出现这种情况，你不会继续尝试解决这个问题，直到你从另一个人那里得到这个问题的确认。

理论上都听起来不错，但是你需要确保不仅准备好了介绍，也考虑到了接下来可能发生的事情：可能会有各种反应，从沉默或愤怒到完全否认或情绪崩溃。如果提前思考好该如何应对每一种情况，对你会很有帮助。

你还需要尽量不要陷入引发下面讨论的陷阱，用问题让对方谈论和反思这个问题，获得理解并做出行动承诺。让沉默发生，而不是试图来填补沉默。正如苏珊·斯科特所建议的那样，让沉默来做重活。如果讨论偏离了，将对话拉回到他们开始提出的问题。

你需要牢记整体管理问题的方法。如果你知道自己倾向于掩盖问题，希望问题能够平息或者以后再处理，这一点尤其重要。你需要管束自己，还需要管理自己的情绪，做好手头的事情。

如果谈话顺利，对方不仅清楚了这个问题，还会感到如释重负，因为这件事变得开诚布公，而且下一步怎么走已经达成一致。如此一来你就可以放心离开，因为你已经做好了最难的部分。

这样的讨论是严肃、专业的，你不能依赖或期望现有的友谊、个人忠诚度，或者你了解他并与他合作了很久这些情况来让你完成这样的会议。同样的，你也不能突然切换到摆资历模式，把自己抬高，在这个仅此一次的情况里为自己加分。去体会、理解和倾听，把这当作和自己的直接管理人交流，按自己希望受到的对待方式去对待接收者。

允许他们做出回应，公正地听取他们所说的话，但同意这个问题并明确要采取什么行动。结束时，要确认一下是不是他们都觉得受到了公平对待。在适当时，以书面形式说明行动要点。书写部分是用来给予帮助的，而不只是写出来，这两者具有不同的含义。如果接受者觉得你是公平的，觉得所说的是事实，清楚地知道如何回应和传达并且这么去做了，那么你就双赢了。

## 促其前进

对于大多数员工来说，即使表现变差，良好的对话和有用的支持也可以使情况恢复正常。但是，有时候你需要清楚的是，当他们显然没有努力时，要明确地要求他们前进。虽然所有学校都必须有纪律和能力的检测程序，但在某些方面，他们仍然是未充分利用的创造并维持高标准的载体。对于努力工作和有能力的多数人来说，没有什么比看到一个没有能力或不愿倾尽全力工作的同事继续混日子更让人沮丧的了。不可避免地，如果允许这种情况继续下去，其他同事可能开始变得失去热情，对自己的要求也将迅速下降。

当然，所有同事都有权在这种情况下获得适当程度的隐私，但采取行动处理某一个人的不佳表现时，全体工作人员通常很快就会觉察到，这对于许多员工可能是一种动力，他们确实会认为领导是为了确保团队中的每个人都在努力做事。

随着时间的推移，学校的文化会发生巨大变化。一个我工作过的优秀学校这样描述：出于帮助而坚定不移地为表现不佳的同事树立明确的期望，对此我们已经越来越自信。没有必要宣传这个事实，其他同事会认识到发生了什么，并将其视为一个积极而不是威胁性的做事方法。

关于最好的学校如何处理表现不佳的问题，学校与学校的情况各不相同，个人与个人的情况也有所不同。在一些学校中，高要求的学校文化已经建立起来，只要与其他员工的竞争机制开始建立，往往就足以促使他们决定继续前进。然而，这个职业面临着一个更广泛的问题，即如何防止这些不良表现者从一所学校解聘又被另一所学校聘用，这一讨论可能会超出本书的范围。

在其他情况下，特别是一名员工在一所学校工作很长时间时，学校通常会围绕个人职业生涯阶段的特别情况进行更为非正式的对话。这可能涉及经济上的赔偿协议。

## 提供支持

然而，在所有情况下，所有领导应该做的是确保需要它的人得到100%的支持。只有在不需要改进的情况下，才有必要考虑替代方案。这将涉及找到适当的退出策略并执行。

最好的学校清楚它们在这个过程的哪个环节，会避免在试图支持和激励某人间摇摆不定。当失败了的时候，他们果断采取行动，不懈地追求目标。要不就帮助我，要不就解雇我，这听起来有点恶劣，但是要清楚你在处理个人表现不佳的情况时应该处的位置非常重要。

如果学校在没有明确目标的情况下提供支持，也没有确定绩效审查的固定期限，从我自己的经验看，这种不明确的情况可能导致无法采取果断行动来使情况产生改观。表现不佳的情况可能会持续很长时间，学校也会认识到这个问题，但几乎无意识地接受了这一点。我们的学生需要比这更好的状况，他们只有一次机会。

## 累积动能

吉姆·柯林斯在他的著作《从优秀到卓越》中描述了他所谓的飞轮概念。他让读者想象一个典型的飞轮如何工作。主要目的是蓄积能量和累积势能。推出重型铸铁盘在早期阶段难以置信，看起来进展缓慢。随着时间的推移，在大家的不断努力下，飞轮将累积势能。随着越来越多的人参与进来推动飞轮，其速度将会不断加快，直到最终每个人都可以放手，飞轮将畅通无阻。

反思这本书所述的领导模式，飞轮的比喻也强调了结成战线的重要性。如果有人以相反的方向推动飞轮，那显然不会增加势能。如果要想成功，每个人都需要朝同一个方向前进。

逐渐建立绩效的这一观点侧重于逐步改进，符合构建边际收益的概念。这种方法支撑了英国自行车车队的成功，它们非常注重推进小的改变。这些共同改变所产生的影响使其成为世界级的车队。戴夫·布雷斯费德（Dave Brailsford）领导的团队认为，10%的改进比10%的变化要轻松。这个概念就是本章前面提到的增量训练方法的核心。

## 动　力

有时学校会遇到困难，在这种情况下，员工在整体上能够应用的精力可能会暂时减少。但是，作为领导，如果你行动的动力和方向很清晰，就可以暂时省心，因为积累的动力会助你前行。例如，如果关键成员离开了团队，大家都认同某种工作方式并清楚地了解我们在这里做事的方式，就可以让团队缓冲这种突然的改变带来的影响。没有人会觉得在学校保持高绩效是容易的。

因此，最好的学校都是一直以来持续不断地专注努力的结果，利益相关者都一直在朝着同一个方向努力，他们共同执行政策，成功又会不断促成新的成功，学校每个人都被深深吸引并成为这种成功的一部分。

## 想一想

- 你在任用人员的时候是否严格？你会疑人不用吗？
- 当有两名特别优秀的候选人竞争同一个岗位时，你会两人都聘用吗？
- 你是否创造了一个在内部给员工提供职业发展和进步的机会的氛围？
- 你的员工是否想为学习而提升自己？
- 你只在学校里分享真正的优秀做法吗？
- 你是否会通过有重点的支持来有效地改变不合格的表现，如果这样做不成功，你是否有到位的流程以迅速改变落伍人员？
- 你是否有足够动力让自己度过困难时期？

# 第十二章　规划和组织

人不拒绝改变，他们拒绝被改变。

——彼得·圣吉（Peter Senge）

一个核心问题是，任何领导的职责都是要促成改变，而这种改变不是一时的，而是长期的。无论是要改善同事在某些实践领域的表现，还是设计、执行新的政策，产生变化的关键在于坚持。通常情况是，学校里某个人致力于改善某个领域的实践，但是因为坚持的时间不够长，或者没有足够的系统方法，以保证变化根植于学校，没能对学生的成绩产生长远的影响。

同样的道理，当谈到制定新政策或方法时，个体有时引入新想法，而未真正地与政策制定者接触，或者他们未认真思考如何将这些想法付诸实践。不久之后，这个想法便没人关注了，或者最好的情况是，想法得到执行，但是前后矛盾。

所以你是怎样促成事情发生变化，并对学生带来长久的影响的？关于如何促成改变有许多理论。很多理论都源于领导变革大师约翰·科特（John Kotter）。作为哈佛商学院教授和闻名世界的变革大师，科特在他的《领导变革》中引入了八步变革过程，如图12.1所示。

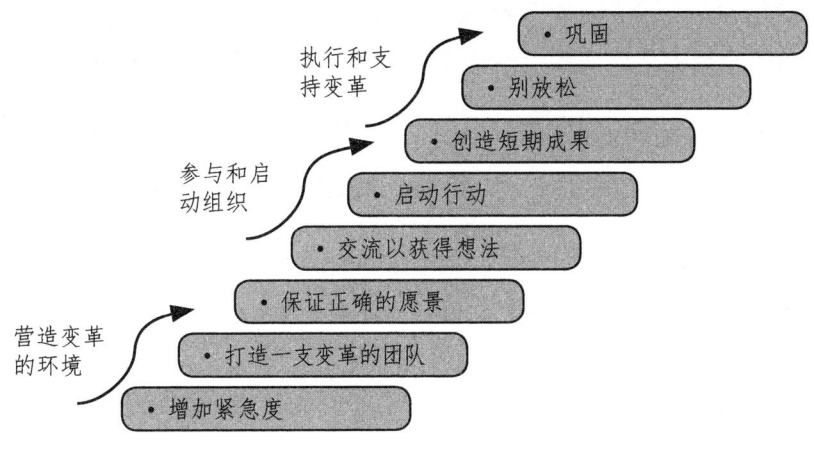

**图12.1　八步变革**

# 八步变革

## 第一步：增加紧急度

要想变革，那么整个团队或学校就要真正地希望变革。如果员工抵制变革，你该怎么做？你如何增加变革的紧急度？这些问题会帮助你激发最初的动机，推动事情发展。

这不是简单地给员工展示一系列停滞不前的测试结果或用新的课程或出勤目标吓他们。而是要和他们就教育界以及你所处的环境，进行公开、诚实、令人信服的对话。你可能会想，如果他们不愿意变革，就把潜在问题说出来，并且告诉他们未来会发生什么。但是这样做的前提是，你要开诚布公地跟他们对话，给出动态的、让人信服的理由让人们讨论和思考。

## 第二步：打造一支变革的团队

对于全校的任何变革，如果时间允许的话，最好还是让一小群人先实行你的想法。因此你的变革团队就派上用场了，可以帮助发展完善你的规划。让他们作为你想法的倡导者，让他们中的一两个成为团队的关键影响者，这对整个团队的影响是巨大的。

如果你在多个学校任职，想要获得你想要的关注，科特模型中的第一步和第二步就显得尤为重要。

## 第三步：保证正确的愿景

当你开始思考变革时，可能会有很多好的想法和解决方案。这时候你需要做的是，把这些概念和整体愿景联系在一起，以便他人可以容易地理解并且记住它们。一个清楚的愿景能让每个人理解为什么领导让他们这样做。当人们看到自己想要实现的目标时，收到的指令往往更有意义。对变革的愿景寻求意见也是个好办法，有助于人们产生兴趣，催生变革。

## 第四步：交流以获得想法

变革内容规划好以后，你和你的变革小组接下来要做的才是最重要的。你的信息可能会和其他日常压力和优先事项展开激烈竞争，因此要确保进行频繁有力的沟通，将其根植于每天所做的事之中。你要一直不停地灌输你的变革内容。

让学生和家长也加入其中，可以有效地获得更多想法。同时也能让员工看到给学生带来的福利，虽然这种方式他们可能不喜欢。

作为变革的推动者，言行一致对你来说非常重要。比起你所说的，往往你做的更重要，更让人信服。要想别人这样做，自己必须以身作则。

## 第五步：启动行动

如果你按照这些步骤行事，到这一步为止，你一直谈论的是愿景和获得更多的想法。令人欣慰的是员工都努力工作实现你一直以来推崇的愿景。但是是否有人抵制这种变革？是否有进程或结构受阻？本章最后部分会对你如何解决这些问题有进一步的指示。

同时，不要忘记为变革设置结构，并且持续检查变革过程中的障碍。消除障碍可以授权给需要执行愿景的人。一种方法就是把权力下放给小团队。这里有个最好的例子，就是课程规划。把小组里的成员再分组，给他们一系列工作，这样他们可以仔细思考，极大地减少变革中的障碍。对于更高级别的领导来说，通过小团队来传达变革可以有效地发挥优势，使事情处于掌控之中。

## 第六步：创造短期成果

没有什么比成功更能激励人了。找些方法在变革过程中让员工早点尝到成功的甜头。在很短的时间内，员工需要看到一定的成功。如果他们没能看到，批评者和思想消极者可能会破坏进程。人们需要快速地意识到这种变革是件好事——他们要快速地感受到成果。

## 第七步：别放松

科特表示很多变革方案之所以失败，是因为过早地宣布胜利。真正的变革需要更加深入。短期的胜利只是实现长期变革的第一步，尤其是你要处理那些似乎和变革不一致的东西。最典型的就是这些"落后者",他们总是不愿意接受任何变革。如果你花点时间合理地阐述第二阶段和第三阶段会发生的变化,对话就容易多了。没有什么事比你告诉别人他们需要变革,而这种变革并不是百分百正确更糟糕的了。

每一次成功也提供了一个机会,建立在哪些是对的,哪些可以改进。确保在团队里,你花时间反思,哪些做得好,哪些可以做得更好。

### 第八步: 巩固

最后,巩固变革,使之成为团队文化的一部分,并且一直贯穿下去。团队文化经常决定会做哪些事,所以愿景背后所含的价值必须展现在每天的工作里。

你的监控体系需要把价值根植于已经变革的事情上。在学校和团队里,你认可成就和庆祝成功时,都要反映出你的变革。

## 掌控变革对他人的影响

每个人对变革的反应都不一样,但是当有重大变革出现时,我们都会经过几个过程感知变革。同样,这也会影响我们对自我价值和能力的看法。人们怀疑自己能否成功地做变革所需要的事,这点很正常。最常见的一个著名模型解释了这些是如何发生的,此模型是由伊莉莎白·库伯勒-罗丝(Elisabeth Kübler-Ross)创造的,见图12.2。

当你引入一个重大的变革时,花点时间思考团队里每个成员可能有的表现,并想出最好的方式来应对,而不需在你的整体目标上进行妥协,这是非常值得做的。你可能希望使用任意一种性格测试工具，比如我们在这本书中提到的。再次说明一下，在行动之前要了解自己的处境。

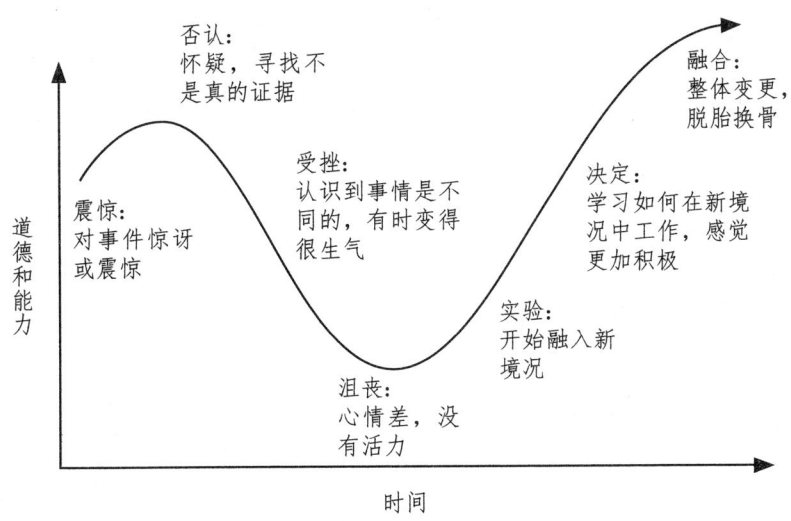

图12.2　变化曲线

## 最后的思考

除了使用科特的8个步骤作为有用的指导方针，思考变革，思考不同的团队成员如何应对变革，你还可以思考下列4点：

• 变革越简单越好，这样更容易进行交流，获得想法，传达一致，检测影响。

• 当你针对某个特定的变革咨询他人时，要记住感谢每个花时间给你反馈的人，感谢他们的付出，即使有些反馈是负面的。给人们一个机会，让他们一吐为快，这是变革过程的重要一环。

• 咨询结束后，确保对听到的反馈有所反应。尤其是，当你决定不按某种特别的观点行动时，你应该花点时间解释一下原因。最好是面对面地交谈。对于人们来说，观点被聆听是很重要的。

• 你应该时刻保持灵活，吸纳更多的人，让变革顺利进行。如果你想要的变革没有成功，这时灵活处理问题也非常重要。如果一段时间以后，还没出现你想要的影响，尽管整个团队都非常努力地工作，也要换条路走。承认这点也是力量的象征。

## 用数据进行规划

古话说，不断给猪称重并不能让它变得更肥。这也是批评家批评一些学校把时间精力过度地浪费在衡量事物上，而没能把注意力集中在很好地规划课程、教授课程、让学生从中获得乐趣上。确实，有些学校花大把时间收集各种学生的数据，但这些数据对学生的学习成绩影响很小。

但是农民可能就反对这个观点了，他们需要随时给猪称重，确保它们身体无恙。猪应该以一定的速度增重——如果不是这样，应该是什么样呢？对猪的重量要进行监控，对可能出现的问题进行干涉；思考怎样养猪才最有效，什么方式又无效；尝试新观点，并评估其可行性。

换句话说，当谈到数据，你需要将自己的实践建立在农业专业实践模型上，你需要知道学生有着怎样的进步，你的团队需要这些数据。帮助团队成员思考哪些方法管用，哪些方法不管用。当个体或某一群学生看似落后了，你需要介入其中，这里同样也要顾全全局。

这里有一点很重要，就是数据的频率和准确度以及学生的分析，它们有利于及时、有重点地进行规划。而这一切只有在数据具有时效性、有效性和准确性的情况下才能发生。干预过期的数据只是在浪费每个人的时间,无法从员工或学生那里获得反馈。幸运的是,你整个学校的系统会将此考虑在内。如果同事给你的反馈不是这样,也许你就要好好想想自己是如何组织分析数据的。

无论过程多么实用,准确才是至关重要的。这就意味着审核学生成绩的体系非常重要,体现在一丝不苟的工作和高质量的测试上。尤其是对中层领导来说,定期分配时间开会,无论地点在何处,都有利于确保每个人按照相同的成绩或水平期望在工作。有些团队发现将保存的工作文件作为一部分证据可以支持这个方法。

学习并不是一个直线过程,我们所有在学校里工作的人,都要利用我们的职业判断,来理解哪些是学生可以做的,哪些是学生不能做的,而不是试着给他们能达到的高度进行定义。英国近期引进的一些评估中的变革就体现了这样的思想。把这些引进的变革先放一边,当说到形成判断时,"最佳匹配"评估这一思想就体现了目前不为学生利益思考的评估系统。

同样,当想到学生个人的进步和干预时,从课程数据的角度来看,例如,进行问题分析也是另一种强有力的提高标准。任意一个领域,在特定课上或所有课上,学生在技巧或内容领域是否表现欠佳呢?学科知识的教授方面是否存在差距呢?男孩是否比女孩在某些方面表现得差一点呢?

这些数据必须用于团队内,进行高效的对话并比较不同类型的问题。所有的员工都要对学生有清晰的责任感,清楚他们的作用在于提供数据,进行有效的干预。学生和员工所面临的挑战和支持要达到平衡。与此相关的是,正如之前提到的,确保创造正式的机会,以庆祝成功和认可成就非常重要。再次说明一下,这对员工和学生都同等重要。

## 灵活地使用资源

从来没有足够的资源去做你想做的一切,预算总是很紧张,无论我们在哪里工作,总是身负教育重任,确保将有限的资源发挥最大作用,这就要合理地规划。同样,对于领导来说,保证金融诚信也很重要。建立的体系需要保证货品和服务的购买是应有的金融过程,任意一笔收入都要妥善处理。

## 资源规划周期

从最简单的层面来说,战略性资源规划分为4个重要阶段,适用于各层领导:

• 赞同你的总体战略目标,包括任何你希望执行的新的战略重点;

• 赞同你的战略规划,该规划表明你计划如何实现自己的目标;

• 算出战略规划不同要素的成本,包括正在运行的成本,其中必须包括与你想实施的新计划相关的启动成本;

• 确保获得投资的最佳现金交易价格,这需要你认真地规划如何购买货品,如何保证高效利用手头上的资源。

关于资源管理还有其他术语,有些听起来非常复杂,然而事实并不是这样。你可能也知道许多术语的真正含义,但是以防万一,这里还有一些定义可以提示你。

## 收入和资本成本

资本成本是续生成本,逐年累加,包括人员编制、消耗品和运行替换的家具等物品。资本支出是对物品的一次性支出,不需要不时更换,例如新的电脑、新的教室或新的家具等等。

### 节 约

节约是指尽可能保持低成本。也就是要购买价格合理的物品或服务。最典型的一个方法就是进行市场调查,成批购买,这样可以降低成本,促进节约。

### 效 率

效率是指你如何使用购买的物品。也许你花高价买了一台新的显微镜,却不经常使用,这就是资源的低效利用。相同的,IT设备和软件经常使用,就提高了资源的利用效率。

### 效 果

效果涉及你的开支是否物有所值。这不是简单地说你购买的东西多么便宜或者多么好用,而是对你的支出及理想中的支出做出整体评价。测量效果远比测量节约或效率难得多,但是它是你需要做的最重要的判断。虽然是陈词滥调,但是最便宜的并不总是最好的,最重要的是发挥金钱最大的价值。

近些年来,有许多研究都在调查学校不同的开支方式之间的相关效果。图12.3显示了调查中的一些重要信息。再次说一下,也许你对这些信息很熟悉,但是这里所包含的信息更加完整。

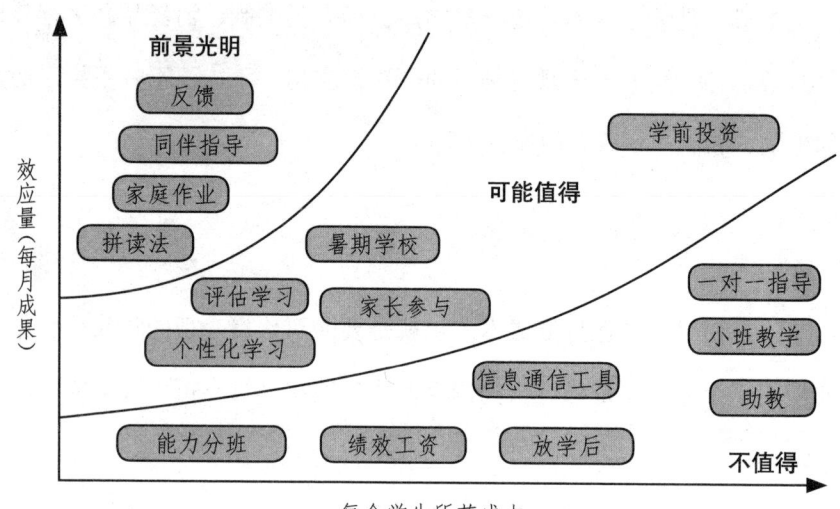

图12.3 不同投资决定的总体效果

也许看到小班教学的影响、使用助教典型的效果或者1:1学费时,你会感到很惊讶。当然,这项研究是建立在这些不同方法的典型影响上,而不是学校个体的例子上。却足以让我们认真思考。

即使有很多证据,最重要的还是要结合你的环境进行思考。正如迪伦·威廉所说:"起作用的不是正确的问题。每件事在某个方面都会有作用,但不可能在每个方面都能起作用。有意思的问题是究竟在什么情况下,它们才会起到作用。"最近教育捐助基金会对助教效用进行的一项调查就是一个范例。然而对助教作用的总体分析倾向于解释他们代表金钱的差值,但是当正确地利用时,就会产生重要的影响。下面总结了本项研究的重要发现:

- 助教不应该视为低水平学生的非正式教学资源;

- 助教是为了增加教师的价值,而不是取代他们;
- 助教帮助学生发展独立学习能力,管理自己的学习;
- 确保助教在上课前充分准备;
- 助教通过结构化干预,传递高质量的一对一和小组支持;
- 采用基于证据的干预措施,在小组和一对一指导中支持助教;
- 确保日常课堂教学和结构化干预间明确的联系。

## 影响优先

如果说所有的学校领导都有一个共同点的话,那就是似乎他们都没有足够的时间工作。除了要管理和班级相关的工作外,从教学准备到阅卷改分,你要负责全部的事。但是你是否停下来,真正正确地思考过自己是怎样利用时间的?或者你是否思考过你可以做什么事来减轻负担,使事情的效率变得更高?

## 时间管理的方法

事实上,人们有各种各样的方法来利用时间。第一种人在最后期限前充满活力,他们觉得把事情留到最后一分钟再做效率是最高的;第二种人则无法忍受直到最后一分钟才做事,他们喜欢事先把一切都安排好;第三种人面对新出现的工作无法说"不",这些人一直没法停下来问他们是否有时间做他们同意的一切事情;第四种人则是拖延症晚期患者,总是先做别的事,而不是先把自己分内的事完成;第五种人就花时间获取细节,即使这意味着推迟其他事情或增加压力。

也许你知道符合上述所有描述的领导。你可能觉得在这方面反映出自己的倾向很有趣。对于所有的领导来说,当谈到更好的时间管理时,清楚自己的倾向会非常有帮助。

## 紧急和重要

不论是怎样利用时间,有些普遍的真相还是值得牢记于心的。在史蒂芬·柯维的《高效人士的七个习惯》(*The 7 Habits of Highly Effective People*)一书中,他提出了划分紧急事务和重要事务的重要性。当别人吩咐你做事,你不确定要先做什么时,别人会多久让你做一次需要紧急处理的事?你多久考虑一次一件事比另外一件事重要?图12.4对其进行了说明。

对于4个象限中的每个象限来说,柯维给你提出应对方法。最后一个象限是最重要的,也是中层领导觉得最难做到的。

### 紧急而重要——立刻就做

在确认这些任务的重要性和紧迫性的前提下,立刻做这些任务。根据它们相对的急迫性,确定优先顺序。

### 紧急但不重要——拒绝并解释

审查及调查需求,帮助发起者重新评估,尽可能拒绝和避免这些敏感和紧急的任务。

## 既不紧急也不重要——抵制并停止

习惯性"舒适者"不是真的任务。效率低，动力不足。减少或完全停止。计划避免它们。

## 不紧急但重要——计划做

对于成功很重要的事：规划、战略思维、决定方向和目标等，为任务规划时间表和个人空间。

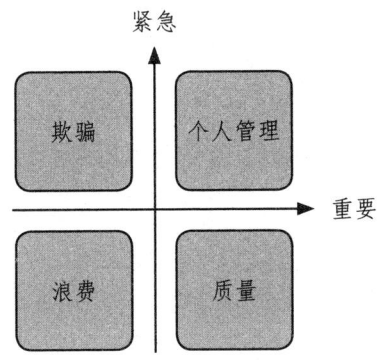

图12.4　时间管理的4个象限

当谈到哪些可以帮助我们解决时间优先问题时，在我看来，没有比奥克兰大学的维维安·罗宾逊（Viviane Robinson）和其同事建立的元分析更好的模型了。他们的工作重心在于探索学校领导如何才能给学生带来最大的影响。图12.5总结了他们的发现，并给出领导要做的5个重要活动，以给学生带来最大的影响。

上述所有的主题都与本书的很多内容有共鸣。但令人惊讶的是，其中支持教师发展这一因素，竟比最近的数据更有影响力。它仅显示了对各层领导而言，花时间关注并帮助教师发展的重要性。因此这项会落在柯维划分的重要但不紧急这一项里。

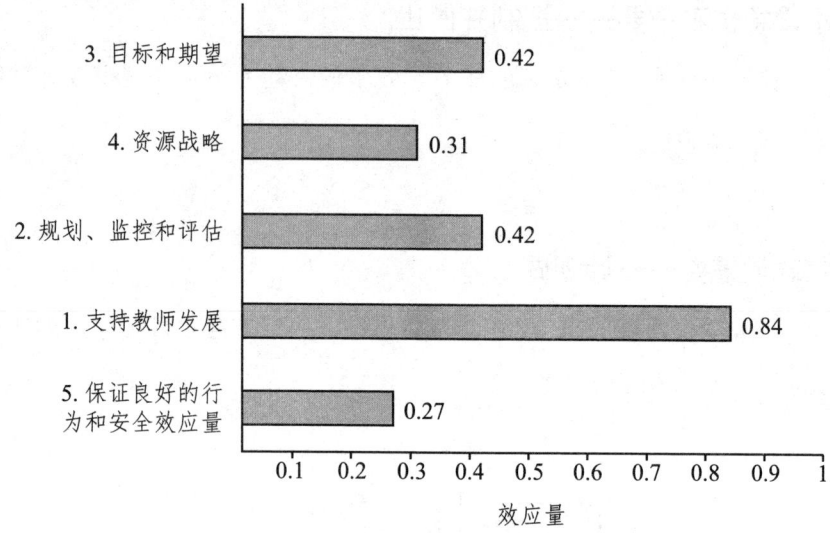

图12.5 领导做什么对学生成绩影响最大

## 有效利用时间的实用方法

那么究竟做什么才能有效地利用时间呢？首先，也许你想把某一周的日程安排记在日志里。这样你就能知道在柯维的象限里，你的时间具体是怎样安排的。同时它还能帮助你量化下面的领导模型中的3个圈子中有多大的平衡。往往经验告诉我，学校领导把他们的时间主要放在传达圈子里，因此对于同等重要的领域，未来和参与花的时间就很少了。见图12.6。

还有一些很简单的实际方法可以帮助你和你的团队。也许你早就做过了，但是你有多么严格地执行呢？当压力慢慢累积，大多数人倾向于把逻辑和理智全扔出窗外，仅仅做自己手头上的事。

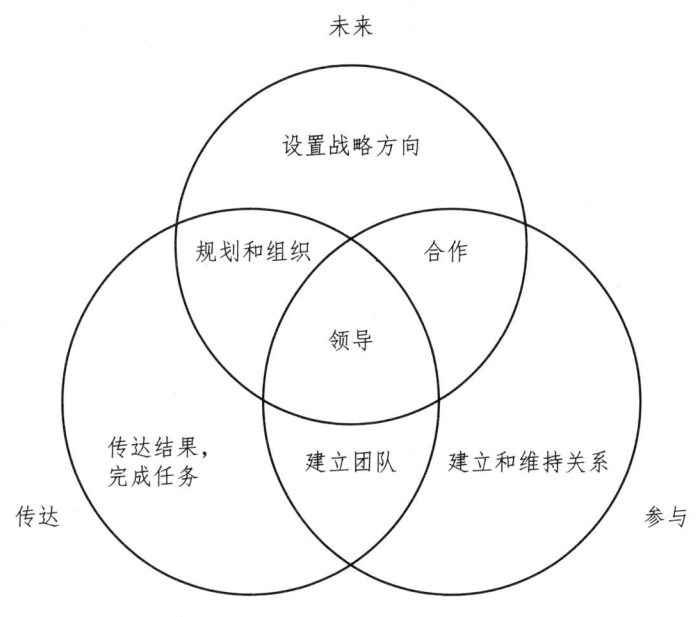

图12.6 领导行动的六大重要领域

## 设定目标

为自己设定目标,这跟制作行动列表不一样,目标是你和你的团队想在特定的时间范围内要达到的战略事宜。它们应该对你的全面规划起到推动作用。把目标细化成易于控制的小目标。没有什么比达成一个目标更让人满足的了,同理也没有什么比无法达成目标更让人觉得沮丧的了。

## 直接说不

如果你是这种没法说不的人,那么就学会说不。你会惊讶地发现人们会迅速地去问别人。

## 优先排序

设置一个真正有效的体系，将你的任务表进行优先排序。考虑到会收到很多邮件，一个简单的方法就是准备3个文件夹，上面分别写着马上、不久、稍后。然后你可以把收到的文件放到相应的文件夹里，这样一来收件箱就能保持干净。你就能在邮箱发送真正需要完成的任务的邮件了。这个体系的优点在于所有的工作都在一个地方。再次优化顺序也很容易，你只需在文件夹中移动一下邮件就可以了。每天花点时间重新回顾一下这3个文件夹。

## 处理重要但不紧急的事

计划怎样把事做好也非常有用。不仅可以改变你的拖延症，还可以让别人知道你在做什么。如果你发现你花了很多时间处理事情，而其他人也在一旁协助你，这也很重要。这有利于减少打扰，尤其是当你把这条和实际结合起来，就像和团队说如果你的门是关着，意味着你不想被打扰一样。

## 避免拖延

如果你习惯拖延，就需要想方法让自己做正经事。通常，最难的部分才刚刚开始。有个学校非常明智，说你应该尝试每天先做那些你不愿意做的事。这个方法可以让你在工作一结束后就感到开心。

## 设定时间限制

如果你习惯等工作结束时才开始工作，就说明你完全没有平衡工作和生活。如果你就是这样的话，严格地设定时间，确保自己严格执行。如果因此意味着某些工作得放到明天做，就明天做吧。

## 多委任分工

当然，委任分工说起来容易做起来难。但是在第十章里，提到了许多想法。你经常问自己是否某个人也可以完成特定的任务。如果有，你经常不让别人做是因为你认为：

- 别人和你一样忙；
- 没有付给他们工资；
- 他们没法和你做得一样好或一样快；
- 别人可能认为你在逃避责任。

所有的这些反应都非常典型，有时也是真实的。但是人们经常对别人怎么想或怎么做有各种假想。你会惊讶地发现精心地挑选任务，提前计划，他人会将其视为一个很好的发展机会，同时可以为团队做出重要的贡献。关键是在做这件事时，不要让别人感觉因为你不想花费精力或没做好充足的准备，所以才在最后一分钟把任务扔给他们的。

## 想一想

- 是否某种变革可以用到八步变革模型?
- 你是否花时间真正地思考大家面对变革时的反馈?
- 你是否利用数据系统地进行规划?
- 你是否花时间算出策略成本?
- 你是否曾花时间思考利用手头资源是最有效的方式?
- 你是否知道自己是怎样花费时间的?
- 怎样花更多的时间在那些重要但不紧急的事上?
- 是否有一两件事让你集中注意力,从而更有效地利用时间?

# 第十三章 你的领导风格

重要的不是你做了什么，而是你做事的方式。

——梅尔文·奥利弗（Melvin Oliver）、詹姆斯·杨（James Young）

本书前面部分重点介绍了学校领导需要采取的措施：

- 确立愿景和战略方针；
- 结盟；
- 建立和维持关系；
- 创建团队；
- 规划和组织；
- 做出成果并完成工作。

这里将探讨的不是做什么，而是如何做，即你的领导方式。这一章将重点介绍领导风格。后面3章将探讨透明度的重要性、建立信任和为什么要努力形成先询问的习惯。

## 领导风格

领导风格是什么意思呢？为什么领导风格很重要？是否一些领导风格

比其他的领导风格更有效？以情绪智商研究而闻名的丹尼尔·戈尔曼也研究了领导风格对组织内氛围的影响。

在这项研究中他认为，作为领导者，我们会使用以下6种不同的领导风格：

## 指令型

主要目标：服从。

- 给出许多指示，而不是方向；
- 期望员工立即服从；
- 严格控制；
- 依靠负面反馈、纠正性反馈；
- 通过对违规行为进行制裁来激励——且几乎没有奖励；
- 很少解释道理，只谈消极后果。

## 权威型

主要目标：制定长期方向和愿景。

- 制定和阐明清晰的愿景；
- 征求员工对此愿景的看法，并将推销此愿景视为成功的关键；
- 通过解释团队最优长期利益的道理来说服员工；
- 为更大的愿景设定标准、监督表现；
- 均衡正面和负面反馈，以激励员工。

## 亲和型

主要目标：创造员工间的和谐。

- 重点关注促进友好交往；
- 更重视解决员工需求，而不是一味强调目标和标准；
- 留意和关心"完整的人"，强调让人们开心的事情；
- 避免与表现相关的对抗；
- 根据个人品质进行奖励而不是只看工作表现。

## 民主型

主要目标：员工养成奉献精神，创造新的想法。

- 相信员工可以为自己和学校找到适当的方向；
- 邀请所有员工参与决策；
- 协商一致形成决定；
- 多举行会议，了解员工关心的问题；
- 奖励达标业绩；很少给出负面反馈。

## 示范型

主要目标：快速进步，实现卓越的业绩。

- 以身作则，树立高标准；
- 让别人知道为何效仿模范；
- 慎重任命；
- 如果不能实现高业绩，就要承担责任——对糟糕业绩不姑息；
- 在员工遇到困难时挽救局面或给予详细的任务指示。

## 指导型

主要目标：他人的长期职业发展。

- 帮助员工找到其特长和缺陷；
- 鼓励员工制定长远的发展目标；
- 与员工就团队的领导和成员在开发过程中的角色达成共识；
- 持续提供建议和反馈；
- 把判断业绩的现有标准换成长期发展。

当你思考这6种风格时，你是否会使用其中一种多于使用其他风格？你很少使用哪种风格？特定场合下，你是有意识地思考正确的解决方法还是依靠直觉？

各级领导需要擅长使用各种领导风格，以适应不同的环境和任一特定情况。本书前面几章强调了认识自己和所处环境的重要性。同事之间相处的模式可能各不相同，所以花点时间思考如何为团队成员带来益处的最好方式，总是值得的。一个有能力但不自信的同事可能会受益于指导型的领导模式。一个有能力但很顽固的同事可能需要知道你对他的期望，虽然从长远来看，这种情况可能既不可取，也难以为继。

有时整个团队可能需要领导者给出方向性指示，尤其是当团队不能很好地运作时。如果你所在的团队里，成员不团结，业绩水平差异大，你可能只需要说我们需要这样做。处理好基本事项必须是首要任务。如果你发现情况很混乱，就先制定清晰的预期目标和教学方法，这都是你可能需要做的。

然而高效的团队发现，这样的方法会使人失去动力：单刀直入，直接告诉人们应该怎么做。这就是一场灾难。你需要思考团队的实力、能力和经验。知道哪个模式最适合整个团队或团队里不同的成员，体现了身为领导的专业判断和情感意识。重要的是，你花时间考虑哪种方法会促成自由努力，达到你期望中的全面影响。表13.1中，我试图总结了戈尔曼的6种模式以及使用时间。

表13.1 不同领导模式的总结以及应该使用时间

| 风格 | 描述 | 什么时候有用 | 有效大小 |
| --- | --- | --- | --- |
| 权威型 | 交流目标；期望的传达。 | 几乎都有用；定位、一对一谈话。 | 0.54 |
| 亲和型 | 建立和维持关系。 | 总是有用，尤其当团队成员士气低落时。 | 0.46 |
| 指令型 | 告诉人们做什么，通常非常详细。 | 能力低；任何时候。 | -0.26 |
| 民主型 | 共享决策。 | 信任团队；有更多的时间。 | 0.43 |
| 示范型 | 模仿我，不落后。 | 需要快速变革；展现可能性。 | -0.25 |
| 指导型 | 问问题；关注他人。 | 当你有时间培养他人的能力时。 | 0.42 |

丹尼尔·戈尔曼的作品还研究了6种领导模式的整体效果。虽然每种模式都有具体的使用时间和场合，正如上表最后一栏所示，但是无论情况如何，从整体和平均水平上看，有些领导模式确实比其他模式更能有效地影响工作氛围。戈尔曼指出，从长远角度来看，示范型和指令型模式会对工作氛围产生负面影响，尽管有时这也是正确的做法。某种程度上说，这种领导模式并不奇怪。作为领导者，如果你发现自己需要不断地以身作则，或者告诉别人要怎样做，那么与你共事的人并不适合这份工作。因此他不是要迅速提高自己，就是"下车"。从另一个角度看，如果不需要使用这些模式而你还用的话，团队成员可能认为你不够信任他们，并且觉得你管得太宽。

如上数据所示，戈尔曼还指出，从平均水平上看，权威型、亲和型领导风格是最有效的,紧随其后的是民主型和指导型风格。

所以,花点时间思考你的领导方式,特别是适合你所处环境的领导风格,可能会对你团队的自由努力产生重大的影响。

## 想一想

- 你是否养成了一系列领导风格,可以灵活用于与不同的同事相处?
- 你使用的不同的领导风格是否会使情况改善或个人受益?
- 你是否只倾向于使用一两种风格而不是全部都使用?

# 第十四章　创造透明度

真相就像太阳，你可以闭眼不见，但它永远都在那里。

——猫王

我合作过的一些学校都采取了吉姆·柯林斯书中的观点，即"即使面对残酷的现实也绝不丧失信心"。这些学校在自我审视、数据收集、信息分享处理以及讨论下一步行动等方面，都采取完全透明化的方式。它们非常清楚真实情况对于学校管理的必要性，深信决策正确不言而喻的重要作用。

正如一所学校的管理者所说："如果学校有什么问题出现，校方会鼓励我们说出来，因为整个体系尤其是其中的数据和问责过程都是公开透明的。我们努力保证公开透明，但是尽量不用这些数据或信息来指责他人，这只是发现和解决问题的手段。虽然没法做到这样，但是随着这些数据的可靠程度越来越高，整个透明体系也会不断发展演进。"

对于领导来说，工作中的关键环节就是利用数据及其他信息监督学生和教职工。监督体系建成后，所有人员都要理解，而不是让其变成学校高层问责的工具。当然，问责机制本身是很重要的，因为各级领导有必要确保教职工表现良好，从而判断其工作效率。但是，要让每个团队都能如实反映情况，还要加强职业信任，以积极的转变为中心，让学生、教职工、学校变得更好。

## 利用数据信息

学校体系的建立应该有案可查、易于评估。虽然学校定期收集大量数据,但是有时还是无法跟进单个学生、特定群体或整体学生的进展。而办学成功的重要前提是营造开放的文化氛围,共享信息,使之既能评估进展,又能让团队及其成员向专业方向发展。

涉及自己的团队时,你要思考的是,有多少成员的信息在整个团体中共享?你是否为团队创造利用数据的机会,让他们发现自己的优势以及需要改进的地方。

## 坚定信心

也许一段时间内,你的数据显示了学校各方面表现都有进步。事实是,不一定总是有好消息,因此处理那些不好的消息就显得非常重要。在这种情况下,你特别想把坏消息掩盖起来,然后继续工作,希望一切都会变好。有时情况确实会变好,但是如果不能真正接受坏消息,把它当成学习改进的垫脚石,那么就错失了一次机会。借用吉姆·柯林斯说过的一句话:"最出色的团队总是直面残酷的事实,但同时也坚信有解决问题的办法。"

在团队活动中营造透明的氛围并不容易,但是还是有很多方法可以做到的。首先,团队讨论问题时,确保所做出的决定是建立在数据和证据基础上,而非个人意志。讨论的话题可能是关于最好的教学方法,也有可能是如何在全校范围内倡导扫盲。在此情况下,利用数据和其他证据支持决策程序，客观看待不同论点，往往能够做出更好的决策。

其次，当某个环节出了问题，我们不应该用责备的方式来查明出错原因。这个时候你应该营造一种鼓励尝试和吸取教训的氛围。假设许多事情并未达到你期望的结果，比方说，把午休时间变成补课时间，改变自己院系的教学大纲，或直接领导未能加大你的期望，此时你需要的是"哪里做错了，如何携手合作才能改变现状"的方法，而不是"是谁出的这个馊主意"。同理，我们要关注的不是谁对出现的某种情况负责，而是要关注团队究竟能从中学到什么。

最后，公开制定和交流决策。在分配要带的学生或安排具体的团队工作时，尽量制定大家一致同意的原则以示公平。没有任何一件事要比领导在安排计划时有所偏袒更令人心分散的了。

## 应对坏消息

颇具矛盾的是，有时英明的领导也会反对透明的工作氛围，尤其是那种人人都想讨好的领导，他们很难把坏消息传达给团队。比如说，当听到让人担忧的事情，他们就特别不愿意告诉别人，即使他们知道这件事很重要。当然，作为领导，应对他人带来的挑战性信息的态度也很重要。如果你消极对待或感到愤怒，十有八九别人再也不会提出问题；如果忽略反馈，无所作为也会招致同样的结果。无论是哪种情况，人们都不可能再次向你提出难题了。

总的来说，卓越的团队是在信息、数据、决策共享并相互支持的氛围中运作的，它们成竹在胸，相信能够带来预期的变化。换句话说，即使面对挑战，他们也坚信能够克服困难。强大高效的领导力激发团队所需的信心和信念，维护共同目标、促进团结合作，加强适应力，并注入了极大的内部力量。

## 想一想

- 在数据和信息公开方面，你做得怎么样？
- 在基于证据和数据行事方面，你做得怎么样？
- 你能做到面对残酷的事实但仍坚信自己能战胜困难吗？

# 第十五章　建立信任

我们首先要做的就是建立信任

——布伊格集团（Bouygues），法国建筑公司

协作和合作是两个我们经常会在学校里听到的词语，尽管这两个词是每一所学校成功的要素，但是，许多教育学家大谈特谈合作与协作，却并没有真正花时间去考虑有效合作的前提条件或现实情况下是怎样进行合作的。

重视营造信任的环境非常重要，有了信任的氛围，你才能够集中精力，发挥自己的才能去实现目标，而不是把时间浪费在无效的事情或方向错误的活动上，继而偏离方向去关注他人动机和不必要的官僚作风。

史蒂芬·柯维在他的《信任的速度》一书中阐释了，为什么建立信任对任何一个组织的成功来说都至关重要。在他看来，一旦信任等级降低，就意味着员工将会处在一个无收益且不安稳的工作环境中，因而员工们会被划分到不同的政治阵营中去。这样一来，官僚主义降低了生产力，拉低了创新发展的水平，员工的自主性努力就难以避免地降低了。

而在一个拥有高信任度的团队中，系统和程序会形成有益均衡状态，官僚主义控制在最小范围内，员工在相互支持和信任中开展工作，员工集

体间的关系是积极的、透明的，从而孕育出创新、自信和忠诚。也就是说，在这样的环境中，员工的自主性努力程度很高。

## 建立信任

史蒂芬·柯维提出，获得他人信任有3个要素，我同意这个观点。

首先，他人需要知道你对他们有信心并且关注他们每个人的成功。当你认为他们做得好的时候，表扬他们并给出适当反馈，这是一种最简单的方式。

其次，他人需要知道他们可以信任你的正直。当他们分享私人的或者敏感的信息时，你有没有尊重他们的自信心？你有没有避免言过其实，即使一件事很困难，但你总能够说到做到？你有没有公平对待每一个人？

最后，这也是经常被忽视的，人们需要信任你的能力和判断力吗？你的员工需要相信你知道自己在做什么。然而，简单的一步就是，在你要求别人完成的任务方面，你要作为他们的榜样。这不仅是一个影响他人的绝妙方法，更有助于创建一种"我们如何在这里工作"的文化，也有助于建立对你传达信息方面能力的信任。我不是在倡导你一直这样做，但这是建立信任的强有力方法。确保你定期地反思自己作为领导的优势和不足，系统地、持续地强化你的优势项目，优化你的弱势项目，非常重要。

## 信任是一个重要标志

接下来的几个例子可能看上去过于简单，但它们却非常直接地论证了哪些教育机构拥有高度信任。

拥有高度信任的团队不会总是督查员工的系统和程序。举个例子，如果课程设置方面的负责人要求他们的团队每天提交他们的课程计划，那么这些团队就可能会觉得自己的工作质量和专业水平受到了质疑。我这样说绝不是认为新入职者需要课程计划这样一种技术支持是不重要的，也不是说同级之间想法的分享是毫无用处的。当出现暗示性的话语，表明某些人不值得信任，除非上级对其进行检查，否则无法符合一定标准完成任务时，信任就被摧毁了。

在一些学校里，教职工们认为锁门是没有必要的，这样的学校恰恰展现了教职工与学生之间高度的基础信任。当然，有些时候这种信任会为某个特殊个体所破坏，但一个对自己有信心，对所有在其中工作的员工有信心的学校，不锁门这个举动向每个人传递了一条明确的信息——学校信任他们。不仅如此，当一个人想要去一个锁门的地方而没有钥匙，他所浪费的时间正是一个经典例子，证明了缺乏信任减缓了工作进程，降低了生产力、激励动机以及工作效率。

一所高度信任学校的关键性指标是领导委派任务的过程。关于委派，我们在第十章里已经讲过。很显然，优秀的领导会经常委派任务。然而，要想维持高度信任，一旦某项任务被委派到某个人，这个人就必须完成，这是最根本的。在整个过程中很容易想去就手头进行的任务询问同事或者向他提供建议，但实际上这增加了整体的工作负担，使被委派的员工感到自己被低估或不被信任，总体来说也是毫无用处的。

在低风险的情况下，允许同事在没有将委派的任务完成到令人满意的程度时重新完成。这样产生的效果比进行一个早期干预更好。毋庸置疑，如果一个人并不具备完成被委派的任务所必需的技能和经验，那么他注定是失败的。做一个优秀的学校领导，其中一项技能就是知道委派任务的恰当时间，并确保让员工知道如果有需要可以寻求建议，这不会对他们的能力造成负面的价值评判。

## 信任学生

尽管这个原则适用于所有情境，但是对于扮演牧师角色的领导来说，向你的学生展现出信任是很有说服力的。例如，给学生适当的权力去考虑除学校食堂或卫生间之外的事务是很重要的。他们有机会帮你约见教职工吗？你信任他们参与财政决策吗？一些学校给学生会小部分经费，他们可以自己决定钱花在哪些方面。你还给学生设定了什么样的领导角色？如果你教某个课程，对于拨款你征求过多少学生的意见？又有多信任他们的意见呢？在中小学阶段，学生对他们得到的东西的质量和判断非常精明。

## 建立信任的速度

最后，信任多快能建立，又有多快被毁，这些都是值得考虑的。有趣的是，史蒂芬·柯维认为，对于每一个要素来讲，信任建立的速度是不一样的。

当我们谈论的是让他人相信领导的能力，这种信任是很快建立的。你可以以一种谦虚的方式，小心谨慎地让别人知道你过去的业绩，如果你是内部晋升，这也许都不需要。你也可以确保一些获得短期的胜利，让别人对你有信心，相信你清楚自己在做什么。这一信任的要素通常很难消去。如果有什么地方出错了，他人短期内不会太追究，但是你要确保这不会演变成常态。

然而，当谈论到相信领导的人格时，情况恰恰相反，别人要花好一段时间才能知道他们可以信任你，例如相信你可以保持自信。对这一信任要素来说，在让别人信任你之前，需要经过一些小测试。他们需要从经验角度了解你。相反，如果他们发现你在某些方面不诚实或者八卦他人的隐私，那么你的正直人格形象将会即刻崩塌。记住这一点至关重要，因为对于有的人来说，一旦这种事情发生了，他们将永远不会再相信你。

因此，总的来说，建立信任对任何团队的文化和氛围意义重大。你需要记住3个关键性要素：对他人的成功表现出的信任和关注；你自己的正直人格；你可以被感知的能力和过去的业绩。

## 想一想

- 你如何感知自己在团队里受信任的程度？
- 若你认为有建立信任的必要，会采取哪些措施？

# 第十六章　询问

倾听是一种积极的行为，你必须这样做。

——大卫·霍克尼（David Hockney）

最后，领导力就是要培养正确的习惯。身为学校领导，我觉得你会通过各种各样的习惯取得成功，而有些习惯甚至连自己都不知道。本书的最后章节讨论的习惯就是：询问。在我看来，这个习惯几乎支撑了整本书讨论的内容。如果你想更好地了解自己和自己的环境，那么你要问有关自己、他人和环境的问题；你要询问或者从手里的数据中获得答案。只有这样，你才知道需要什么能把最重要的事付诸行动，也只有这时，你才能决定具体的实施步骤，即你的领导方法。

基于20多年来我担任的各种高层领导职务，我认为各级学校领导只有3种谈话类型。见图16.1。

## 示范型

在第一种类型中，某人会在你不知情的情况下，跟你谈论一件事，而这时你的工作已经结束了。我把这种对话称为"肩膀上的猴子"，它们会快速地跳到你身上。当然，特殊时间特殊场合，这种对话是合适的。如果某件事的风险很高，而且看起来马上就要出问题了，这时你最好介入。如果某个同事因为某种原因压力山大，没法应付，你就要帮助他。但如果你习惯于不加思考地从别人那里接受工作，那么你只是在做事，而不是真正地在领导。

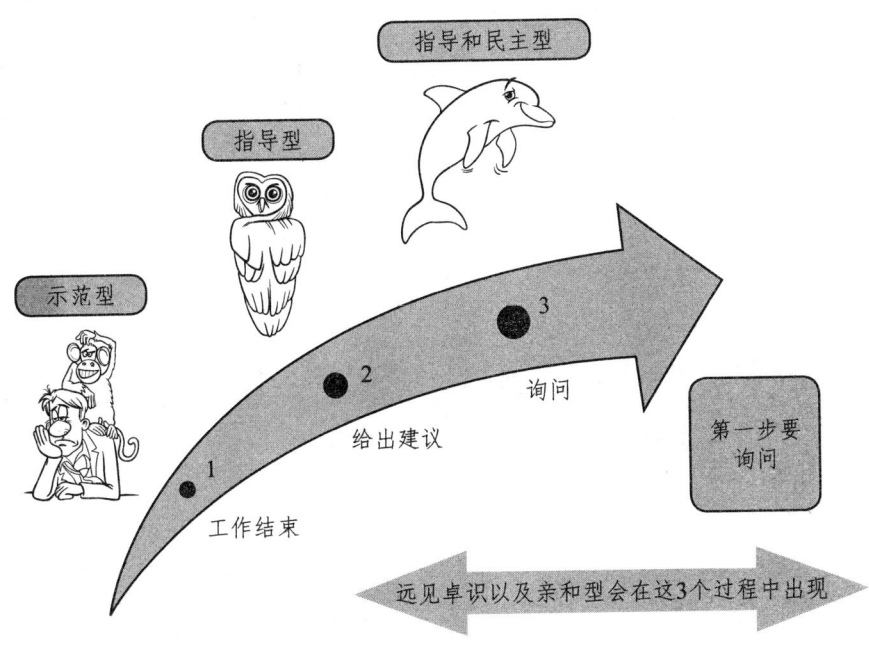

**图16.1　询问**

我记得刚当领导时，很多"猴子"爬到了我的背上。回过头来想想，有很多原因导致这件事发生：第一，因为我真的想帮助这些忙碌的人摆脱困境；第二，因为我想让其他人觉得我很能干而且擅长自己的工作；第三，我总觉得自己做事会更快、更容易些；第四，因为当时我所在的学校文化就是这样，视年级主任为消防员，而非团队领导。但正如模型中加粗箭头所显示，我们一次只能进行一种类型的谈话，不能同时进行多种类型的谈话。

## 指导型

第二种类型的谈话发生在你给出建议，甚至仅仅告诉别人做法之后，至少你不需要结束工作。他们很有希望将交谈中学到的东西用在未来。但如果他们回来还问你类似的问题，而你还继续给他们解答，下次要做决定时，他们就会过度依赖你。这些谈话无法让你的同事培养能力；相反，还会削弱他们的能力。

## 指导和民主型

第三种类型的谈话，也就是我建议所有领导都要培养的重要习惯。第一步要询问。在这种谈话中，领导只需问聪明的问题。一开始，这些问题有助你了解情况，既包括环境，也包括个人掌握环境的能力。只有这时你才能决定前进的最好办法。如果这时，你觉得需要介入，承担他们的工作或给他们建议，那么你就这样做。你下意识地做出这些决定，并不是因为你喜欢这么做，而是因为形势所需。

当然，如果交谈双方都有时间，那么稍微花点时间交流，专注提问模式，这样通常可以帮助他们知道自己要做什么。这些小型指导性谈话耗时短，与其说它是正式的指导，倒不如说它是你的一种指导管理风格。简而言之，你要做的事就是提问，帮助他们做以下事情：

- 明确想要实现什么；
- 理解与环境相关的所有因素；

- 考虑各种可用选择；
- 决定做什么。

这个构建对话的简单方法使用了最有名的指导缩写之一：GROW，由约翰·惠特莫尔创造。

即使只有一分钟的交谈，你也会对结果感到惊讶。谈话结束后，你的任务也结束了，而你的同事也给你留下了这样的感觉，即：他们得到充分的倾听，并有机会仔细考虑情况，下次他们再问你相同问题的可能性会很小。

## 和戈尔曼研究之间的联系

在第十三章中，我们讨论的丹尼尔·戈尔曼研究的管理风格和本章有直接联系，并对我的第一步要询问模型给予支持。如果你仔细思考的话，在第一种类型的谈话中，就很可能采取标杆式管理风格。第二种类型多采取强制或指示方式，和你有广泛的联系。总体来说，如果领导过分依赖这两种谈话方式，随着时间的流逝，这两种方式就会对团队表现产生消极影响。证据显示，长久下去，第三种谈话类型中的民主和指导会产生积极影响。

当然，特殊时刻也需要强制型或标杆式的管理，同事都向你寻求指导和方向。然而，久而久之，最有效率的领导会从走在团队前面转变成在内部领导团队。

## 倾听的重要性

正如在本章开头,大卫·霍克尼所说的:"倾听是一种积极的行为,你必须这么做。"即便你养成了提问题的习惯,但是如果你不积极倾听,就会错失提高效率的机会。倾听并不是软弱,用心聆听同事的话语,能够获得重要信息,有助于了解发生的情况,为团队成长和发展的思考提供空间,还很有可能形成分布式与可持续领导。

倾听是主动的,而非被动,这是关于倾听的第一件事。如果做得好,倾听会让你获得更多关于情形或个人的信息,变得更有洞察力,有更高的觉悟,获得更多的知识。也许你会从不同角度思考问题,阐明想法。主动倾听取决于提问技巧。通过组织问题,你可以引导他人的思考过程或提供一些解决问题的方法。此刻你倾向于怎样把问题组织好?它们有指导作用还是向外公开的?有没有足够的空间让对方思考?你的问题是否以对方为基础,引导他们通向更深层次的学习?

你也可以倾听并获得对方言语以外的信息。你可以听他们的情绪、肢体语言、语调、语速和思考的清晰度。如果主动地倾听,你就能知道对方的心境、情绪状态和谈话目的。通常情况下,一个人说的话并不是他们的本意。你能听出多少言外之意呢?

## 如何证明你在倾听

如果他人感觉到你在倾听,或者你的倾听导致某种行动或变化的产生,那么他们就更愿意分享。从某种程度上说,你提问的相关性说明你是否在倾听。你可以在听的时候重复某人刚说过的话或给出评论，显示你理解他们的感受，这些都是你可以采用的倾听技巧。你的肢体语言和语调也能发出他们的非言语信号。如果他们生气了，你不妨改变你的肢体语言或者语调，这样一来，就不会出现冲突。如果他们难过，你不妨再次改变，产生不同的反应。

## 倾听的4个层面

表16.1是朱莉·斯达（Julie Starr）的倾听模式的4个层面，它很好地总结了主动倾听的重要性。越到后面的模式，你倾听得越认真，更加富有成效。

表16.1　倾听的4个层面

| 层面 | 听者反应 | 别人的想法 |
| --- | --- | --- |
| 倾听 | 眼神交流和肢体语言表示有兴趣。 | 这个人想听我说话。 |
| 准确地倾听 | 眼神交流、肢体语言再加上准确转述别人的话。 | 这个人在听，而且理解我说的话。 |
| 同理倾听 | 眼神交流、肢体语言、准确转述外加结合非言语提示、隐喻使用和自身情感。 | 这个人知道在我的处境中的感受。 |
| 生成同理倾听 | 上述所有内容外加直觉、感觉，更全面、深刻地把自己和他人的情况联系在一起。 | 这个人让我更好地倾听自己；他让我自找方法而非告诉我怎样去做。 |

因此，最后一章的重点是两个关键且相互关联的领导习惯：询问和仔细倾听。如果成功的学校管理取决于对环境和情况的理解，并把这些理解用于实际，决定你要做什么和怎样做，那么我希望你能明白，为什么我会选用这些关键技能做全书结尾。基于我自己的领导经验以及与成百上千的领导共事的经验，花点时间有意识地提高这些领域的熟练度会有好处的。

总的来说，我希望为你们提供一套在理论框架支撑下，全面切实可行的方法来管理学校。不论现在还是将来，我祝愿你们的领导事业都能取得成功。

## 想一想

- 你是否意识到自己可以平衡第一种、第二种、第三种类型的谈话？
- 你有询问的习惯吗？或者说你想养成询问的习惯吗？
- 你是否在谈话中积极地倾听？
- 你是否向他人表明你在倾听？

# 参考文献

Ancona, D et al (2007) *The incomplete leader.* Harvard Business Review: hbr.org.

Black, P and William, D (1998) *Inside the black box* NFER – Nelson.

Bambrick-Santoyo, P (2012) *Leverage Leadership: a practical guide to building exceptional schools.* San Francisco: Jossey-Bass.

Brighouse, T (2007). *How successful head teachers survive and thrive.* [Online] RM, Available at: www.rm.com.

Brighouse, T and Woods, D (2008).*What makes a good school now?* Network Continuum.

Campbell, A (2015) *Winners: And how they succeed.* London: Hutchinson.

Clough, P and Strycharczyk, D (2012).*Developing Mental Toughness: Improving Performance, Wellbeing and Positive Behaviour in Others*. London: Kogan Page.

Coffield, F., Moseley, D., Hall, E., Ecclestone, K. (2004).*Learning styles and pedagogy in post-16 learning.A systematic and critical review*. London: Learning and Skills Research Centre.

Collins, J (2001). *Good to great.* U.S.A: Collins Business.

Covey, S (2008) *The speed of trust. One thing that changes everything.*

London: Simon and Schuster.

Covey, S (2004) *7 habits of highly effective people.* London: Simon and Schuster.

Drucker, P (2007) *Essential Drucker: management, the individual and society* Routledge.

Dudley, P (2014) *Lesson study: professional learning for our time.* New York: Routledge.

Dweck, C (2012) *Mindset: How You Can Fulfil Your Potential.* U.S.A: Ballantine Books.

Education Endowment Foundation (EEF) (2015) *Making the best use of teaching assistants* Available from: educationedowmentfoundation.org.uk.

Education Endowment Foundation (2014) *Teaching and Learning Toolkit.* Available from: educationendowmentfoundation.org.uk/toolkit/toolkit-a-z/

Fullan, M (2001) *Leading the culture of change.* Jossey-Bass.

Fullan, M (2008a) *The six secrets of change.* Jossey-Bass.

Goleman, D (2002) *The new leaders.* Little, Brown.

Goleman, D (2000). *Leadership that gets results.* Harvard Business Review March-April 2000.

Goleman, D (1995) *Emotional Intelligence: Why it Can Matter More Than IQ.* London: Bloomsbury.

Heifetz, R and Linsky, M (2002) *Leadership on the Line: Staying Alive through the Dangers of Leading.* U.S.A: Harvard Business School Press.

Handy, C (1997) *The hungry spirit.* Hutchinson.

Hattie, J (2009) *Visible Learning: A Synthesis of Over 800 Meta-Analyses Relating to Achievement.* New York: Routledge.

Hargreaves, D (2011) *Leading a self-improving school system: towards maturity*. [online] NCSL. Available from: dera.ioe.ac.uk/15804/1/a-self-improving-school-system-towards-maturity.pdf

Hay Group (2007) *Rush to the top: Accelerating the development of leaders in schools* [online]. Available from: www.haygroup.com/downloads/uk/Rush_to_the_Top_low_res.pdf

Kilmann, R et al (1994) *Producing useful knowledge for organisations.* San Francisco: Jossey-Bass.

Kotter, J P (1996) *Leading change.* USA: Harvard Business Review Press.

Kübler-Ross, E (1969) *On death and dying.* New York: Scribner.

Leithwood, K et al (2007) *Seven strong claims about successful school leadership.* National College of School Leadership.

Lencioni, P M (2002) *The five dysfunctions of a team; a leadership fable.* San Francisco: Jossey-Bass.

Lencioni, P M (2012) *The advantage.* San Francisco: Jossey-Bass.

Luft, J Ingham, H (1955) *The Johari window, a graphic model of interpersonal awareness.* Los Angeles: University of California.

Matthews, P (2009) *Twelve outstanding secondary schools.* Ofsted.

Mehrabian, A (1972) *Nonverbal Communication.* New Brunswick: Aldine Transaction

National Governors' Association (NGA) (2015) *A Framework for Governance* Available at: http://www.nga.org.uk/Services/ConsultancyandTraining/Being-strategic/A-Framework-for-Governance.aspx

NCSL (2003) *Heart of the matter: a practical guide to what middle leaders can do to improve learning in secondary schools* [online]. Available from: webarchive. nationalarchives.gov.uk/tna/20140701125459/http:/nationalcollege. org.uk/ docinfo?id=17209&filename=heart-of-the-matter.pdf

NCSL (2004) *A model of school leadership in challenging urban environments.* NCSL.

Pendleton, D and Furnham, A (2012) *Leadership: all you need to know.* Great Britain: Palgrave Macmillan.

Radcliffe, S (2012) (2nd ed). *Leadership: plain and simple.* Edinburgh: Pearson.

Reynolds, D (2004) *Within-school variation: its extent and causes.* DfES.

Robinson, V (2011) *Student centred leadership.* Jossey-Bass.

Scott, S (2003) *Fierce conversations.* U.S.A: Piatkus books Ltd.

Starr, J (2002) *The coaching manual.* London: Pearson.

Strong, M et al (2011) *Experiments in the identification of successful teachers.* USA: Journal of Teacher education.

Tuckman, Bruce (1965) *Developmental sequence in small groups.* Psychological Bulletin 63 (6): 384–99. doi:10.1037/h0022100.

Ward, S. (2009) *Time management types* [online]. Available from: sbinfocanada.about.com/cs/timemanagement/a/timetypes.htm

Watkins, M (2003) *The first 90 days.* Harvard Business Review publications: HBR.org

Whitmore, J (2009) *Coaching for performance GROWing Human Potential and Purpose – the Principles and Practice of Coaching and Leadership* (4th Ed). London: Nicholas Brealy Publishing.

Dylan, Wiliam, *Times Educational Supplement article* 10th April 2015.

# "前沿教育"书系书目

**《管理学校的智慧：找到成功的突破口》**

《破解全球化与名校创新之谜》

《云课堂：师生高效沟通创新方法指南》

《数字化学习案例研究：如何颠覆传统并提高效率》

《高分学生心得："活学"的N种方法》

《教师的透视镜：崇高背后的自我监督》

《校园欺凌行为案例研究》

《优秀教师培养：和教学差距说再见》

《语言暴力大揭秘：跟网络欺凌说"不"》

《多元文化：当教师遭遇新挑战》（第二版）

《教无止境：让"差生"成功逆袭》

《家校合作：5个原则读懂教育互动》

《创新教育模式：让课堂"活"起来》

《打造全新课堂：协作式教学探究》

《FNO框架：从学校到名校》（第三版）

《大教育：学校、家庭与社区合作体系》（第三版）

《反思课堂教学：为未来的挑战做准备》（第三版）

《参与度研究：防止厌学的诀窍》

《校长之道：只为成就教师和学生》（第四版）

《教师：如何与问题家长相处》（第二版）

《高能校长的十种身份》

《校长决策力：复杂问题案例研究》

《反欺侮：让学生远离恐惧》

《美国学校的安保与应急方案》

《校园文化：发现社团的价值》

《领导力：卓越校长的名片》

## "前沿教育"书系书目

《发掘内在潜力：让教师成为教育家》

《乘数效应：发现学校里的天才》

《课堂内外：打造全方位发展的学生》

《美国教学质量监管与督导》

《思维学校建设之路》

《用数据说话：教学差距调查方法》

《有文化还不够：21世纪数字信息时代的流畅力》